XINXI JIANSUO YU LIYONG

信息检索与利用

（第3版）

张永忠 主　编
齐元沂　陈　奇 副主编

复旦大学出版社

图书在版编目(CIP)数据

信息检索与利用/张永忠主编;齐元沂,陈奇副主编.—3 版.—上海:复旦大学出版社,2023.4
(2025.1 重印)
ISBN 978-7-309-16758-0

Ⅰ.①信… Ⅱ.①张… ②齐… ③陈… Ⅲ.①信息检索-高等学校-教材 Ⅳ.①G254.9

中国国家版本馆 CIP 数据核字(2023)第 032460 号

信息检索与利用(第 3 版)
张永忠　主编
责任编辑/张志军

复旦大学出版社有限公司出版发行
上海市国权路 579 号　邮编:200433
网址:fupnet@fudanpress.com　http://www.fudanpress.com
门市零售:86-21-65102580　　团体订购:86-21-65104505
出版部电话:86-21-65642845
上海崇明裕安印刷厂

开本 787 毫米×1092 毫米　1/16　印张 13.75　字数 275 千字
2025 年 1 月第 3 版第 3 次印刷

ISBN 978-7-309-16758-0/G·2478
定价:48.00 元

如有印装质量问题,请向复旦大学出版社有限公司出版部调换。
版权所有　侵权必究

前　言

　　信息几乎已经成为社会经济领域中使用频率最高的词汇，信息产业、信息经济已经成为我们身边的现实，信息时代、信息社会已经到来，而信息化也已经成了当代社会经济发展的大趋势。信息化之所以成为普遍的社会现象，成为当代社会经济发展中的大趋势，是与深厚的客观基础和历史背景分不开的。这些背景可以概括为四个方面：信息科学的飞速发展、信息技术的长足进步、社会生产力的提高以及信息需求已经成为普遍的社会需要。Internet技术及应用在全世界的普及，更使全球信息化的步伐进入一个崭新的阶段。

　　目前，我国高校中开设"信息检索课程"已成普遍，这足以说明在当今信息社会中，知晓什么是信息、如何获取信息、掌握信息知识的重要性已被大众所认可。然而，大家几乎都有一个同样的想法，"检索技能"这一历来作为文献或信息检索课程中的主要阐述内容，随着信息技术的不断快速发展，变得越来越"傻瓜化"了。那么，今天的文献或信息检索，应该向我们的授业对象——学生讲授些什么知识才比较适宜？多年从事信息技术与文献检索课程教学的教师们不得不深入思考这个问题。本教材的出版正是基于这样的出发点以及结合远程教育的特点和广大师生的要求所作的一个尝试。

　　本教材注重通用性、可行性和可操作性，融入新的理念，力求通俗易懂、简便实用，重点强调信息检索基本技能和操作方法的培养。全书分七章和附录，详细介绍了书目系统、常用文献数据库、电子图书、因特网搜索引擎等具体使用方法，力图使读者掌握信息检索的基本理论和操作技能，学会写论文的基本方法，学会互联网信息审核的基本技能。

随着近年来互联网、信息技术的飞速发展，以及出版环境的变化，各类信息资源及搜索工具也呈现异彩纷呈之势。为了更加贴近变化的信息环境，提升学生信息安全意识，本教材增加了互联网信息审核章节。

上海开放大学张永忠老师制定、撰写了本书大纲并对全书进行了统稿；第一章由上海国家会计学院图书馆杨贵荣和郭丽芳老师执笔；第二章由复旦大学图书馆张敏老师和上海开放大学齐元沂老师执笔；第三章由复旦大学图书馆邵诚敏老师和上海开放大学齐元沂老师执笔；第四章由复旦大学图书馆赵睿杰老师和上海开放大学张永忠老师执笔；第五章由复旦大学图书馆周丽老师执笔；第六章由复旦大学图书馆伏安娜老师和上海开放大学张永忠老师执笔；第七章由上海开放大学张永忠、齐元沂老师及上海华盾职业技能培训有限公司赵瑞华执笔；附录由复旦大学出版社章永宏编辑执笔；复旦大学图书馆王乐老师、上海开放大学齐元沂老师参与了大纲的修订工作并参与了全书的统稿工作，同时给出了许多建议。

由于当前信息技术发展迅猛，加之时间仓促及编者水平有限，书中难免有疏漏之处，不足之处衷心期望同行专家和广大读者批评指正。

编者

2022 年 11 月

目 录

第一章　信息资源基础 ……………………………………… 1

　第一节　信息检索原理 ………………………………………… 1
　　一、信息检索的概念 ………………………………………… 1
　　二、信息检索的分类 ………………………………………… 3
　　三、信息检索的作用 ………………………………………… 5
　第二节　信息资源基础 ………………………………………… 6
　　一、信息资源的分布 ………………………………………… 6
　　二、信息资源的组织 ………………………………………… 11
　第三节　信息检索语言 ………………………………………… 14
　　一、检索语言的概念及其特点 ……………………………… 14
　　二、检索语言的种类 ………………………………………… 14
　　三、信息检索途径 …………………………………………… 16
　第四节　信息素养 ……………………………………………… 19
　　一、信息环境 ………………………………………………… 19
　　二、信息素养 ………………………………………………… 21
　　三、大学生信息素养教育 …………………………………… 24
　思考与练习 ……………………………………………………… 26

第二章　书目信息检索及资源发现 …………………………… 27

　第一节　书目的基本概念 ……………………………………… 27

一、书目的定义 ·· 27
　　　二、书目的类型 ·· 28
　　　三、书目的特征 ·· 28
　　　四、书目的内容 ·· 29
　　　五、馆藏书目的作用 ·· 31
　思考与练习 ·· 32
　第二节　馆藏书目与资源发现 ···································· 33
　　　一、资源发现系统概述 ·· 33
　　　二、资源发现系统的功能特点 ·································· 33
　思考与练习 ·· 34
　第三节　国家图书馆书目检索系统介绍 ···························· 35
　　　一、国家图书馆简介 ·· 35
　　　二、国家图书馆馆藏目录检索系统 ······························ 35
　　　三、国家图书馆"文津搜索" ···································· 39
　思考与练习 ·· 40
　第四节　上海图书馆书目检索系统介绍及使用 ······················ 41
　　　一、上海图书馆简介 ·· 41
　　　二、上海图书馆书目检索系统 ·································· 41
　思考与练习 ·· 46
　第五节　多馆联合目录 ·· 47
　　　一、国内高等学校多馆联合目录——CALIS
　　　　　联合目录 ·· 47
　　　二、OCLC联机联合目录——WorldCat ··························· 50
　思考与练习 ·· 50

第三章　文献数据库及其检索 ······································ 52
　第一节　中国知网资源总库及其检索 ······························ 52
　　　一、常用全文数据库简介 ······································ 53
　　　二、数据库检索方法 ·· 54
　　　三、数据库检索实例 ·· 62

思考与练习 ……………………………… 63

　第二节　中文科技期刊数据库及其检索…… 64

　　一、数据库简介 ………………………… 64

　　二、数据库检索方法 …………………… 64

　　三、数据库检索实例 …………………… 72

　　思考与练习 ……………………………… 73

第四章　电子图书的使用　　　　　74

　第一节　超星电子图书及其检索…………… 75

　　一、概况及特点 ………………………… 75

　　二、超星的功能及超星阅览器 ………… 76

　　三、检索方法及检索实例 ……………… 83

　　思考与练习 ……………………………… 89

　第二节　方正阿帕比（Apabi）数字资源
　　　　　平台及其检索……………………… 90

　　一、概况和特点 ………………………… 90

　　二、平台功能及阿帕比阅览器 ………… 91

　　三、检索方法及检索实例 ……………… 93

　　思考与练习 ……………………………… 99

　第三节　常用国外电子图书数据库………… 101

　　一、Springer Link电子图书概况 ……… 101

　　二、Springer Link电子图书的检索功能概述 … 101

　　三、Springer Link的图书阅读 ………… 104

　　四、检索实例 …………………………… 107

　　思考与练习 ……………………………… 109

第五章　网络信息资源检索　　　　111

　第一节　概述………………………………… 111

　　一、网络信息检索的发展 ……………… 111

　　二、网络信息检索的特点 ……………… 112

　　三、网络信息检索的一般方法 ………… 113

思考与练习 ·· 116
　第二节　基于搜索引擎的网络信息检索 ························ 117
　　一、搜索引擎概述 ·· 117
　　二、中外常用全文索引型搜索引擎 ···························· 120
　　三、中外常用目录型搜索引擎 ································ 125
　　四、中外常用多元搜索引擎 ·································· 130
　　思考与练习 ·· 133
　第三节　其他类型的网络信息资源检索 ························ 135
　　一、互动问答平台 ·· 135
　　二、网络百科 ·· 135
　　三、网盘搜索引擎 ·· 136
　　四、学术搜索引擎 ·· 136
　　五、桌面搜索引擎 ·· 137
　　六、专门信息检索工具 ·· 137
　　思考与练习 ·· 138

第六章　开放获取 ··· 140

　第一节　概述 ··· 140
　　一、开放获取的兴起 ·· 140
　　二、开放获取的实现途径 ······································ 141
　　三、如何利用开放获取资源 ···································· 143
　　思考与练习 ·· 144
　第二节　国内主要OA资源的获取和使用 ························ 145
　　一、国家哲学社会科学学术期刊数据库 ························ 145
　　二、中国科技论文在线 ·· 151
　　三、Socolar OA资源一站式检索平台 ··························· 154
　　四、国内机构知识库 ·· 157
　　思考与练习 ·· 162

第七章 互联网信息审核 …… 164

第一节 互联网信息识别 …… 164
一、文本识别 …… 164
二、图像识别 …… 168
三、音频识别 …… 168
四、综合识别 …… 169

第二节 联网信息审核 …… 172
一、审核规定制定 …… 172
二、内容关联审核 …… 173
三、质量复核 …… 175

第三节 风险管控 …… 176
一、案例汇总 …… 176
二、策略制定 …… 177
三、回溯复核 …… 179
四、风险确认 …… 179

第四节 操作案例 …… 180
一、提取图片中文本信息 …… 180
二、筛选关键词文本信息 …… 181
三、提取信息的主要内容 …… 182
四、专业化拓展信息内容 …… 183
五、互联网信息衍变 …… 184
六、质量复核审核结果 …… 184
七、匹配内容安全风险等级 …… 185
八、安全风险内容屏蔽操作 …… 186
九、关联拓展主要关键词 …… 187
十、判断案例内容是否上报 …… 188

思考与练习 …… 189

附录 论文的撰写和投稿 …… 190
第一节 学术论文的写作 …… 190

一、学术论文概说 …………………………………… 190
　　二、学术论文写作规划 ……………………………… 191
　　三、学术论文写作：动态的写作流程 ……………… 192
　　四、学术论文的投稿和发表 ………………………… 200
　第二节　学位论文的写作 ……………………………… 203
　　一、学位论文概说 …………………………………… 203
　　二、学位论文的标准格式 …………………………… 204
　　三、学位论文的写作、修改与答辩 ………………… 205

第一章

信息资源基础

无论是传统图书馆的图书、期刊、音像等文献,还是数字图书馆的各种各样的光盘数据库或在线数据库,这些信息资源都是事先由专业人员(或称为信息管理员)把它们科学地组织起来,存储在图书馆物理空间或服务器空间里,以供读者使用。如何在浩如烟海的信息海洋里快速找到自己所需要的信息,这就需要借助一些必要的信息检索工具,学习一些信息检索原理,掌握一些信息检索技能。

第一节 信息检索原理

一、信息检索的概念

广义上的信息检索,包括信息的"存"和"取"两个方面:"存",即把大量杂乱无序的信息加以科学地排列,使之有序化,形成检索工具或检索系统(检索工具如图书馆馆藏目录、全国西文期刊联合目录、大英百科全书等;检索系统如图书馆网上公共查寻书目系统、清华学术期刊数据库、EBSCOhost系统全文数据库等)。"取",即在有序的信息集合中找出所需要的相关信息,也就是用户必须掌握这些检索工具或检索系统的使用方法才能找到自己所需要的信息。"存"是"取"的基础和前提,"取"就是检索利用,是"存"的价值实现。本章的信息检索是指狭义上的信息检索，也就是"取"的过程，即指用户利用检索工具和检索系统从有序的信息源中，查询所需信息的检索过程。

1. 信息的存储过程，即"存"

信息的存储过程即指"存"，一般有以下几个步骤：① 人工或借助一些智能工具（如爬虫）并根据需要有目的地收集所需的信息资源；② 对收集的信息资源进行分析，确定相应的内容主题；③ 借助分类表和主题词表进行标引；④ 著录信息的内容特征和外部特征；⑤ 对被标引的信息款目，按照一定的排检方法进行有序的排列，使之成为随时可以检索的信息检索工具或检索系统。举个最简单的例子，用图书馆书目信息系统来说明信息的存储过程：图书馆每年需要购买大量图书供读者借阅，这些书不能杂乱无章地堆放在图书馆里，图书馆员必须将这些图书整理，根据图书的学科内容并利用《中国图书馆分类法》和《汉语主题词表》进行分类和主题标引，给出每本图书的分类号和主题词，并将描述这些图书的内容特征和外部特征数据信息输入图书馆管理系统的编目系统里，以形成书目信息，这些书目信息就是读者使用图书馆的检索工具或检索系统。

2. 信息的查询过程，即"取"

信息的查询过程即指"取"，一般有以下几个步骤：① 用户要明确自己的信息需求，形成查询提问；② 对查询提问进行概念分析并用检索系统确定词表（分类表或主题词表）中的词加以表达，形成正确的检索表达式；③ 根据检索表达式的逻辑关系确定查询方法和途径；④ 最后，按顺序在检索系统中查询同检索词相一致的检索标志，并要求其各检索词的逻辑组合符合检索式所指出的条件。由此可见，查询过程实质上是信息用户的查询提问与检索系统中的检索标志相匹配而最终决定取舍的过程。这里，用户熟悉和正确运用检索语言（分类法或主题法）是提高查询命中率的关键所在。

简单来说，信息检索就是所有信息是用一定的方法被预先组织存储起来的，我们就用该工具和该系统提供的检索方法把它找出来。检索工具和检索方法就是"索宝图"，帮助我们找到这些宝藏。

我们仍然以上面的图书例子来说明信息的查询过程。图书馆员编制了图书馆书目信息系统，读者常用的是图书馆书目信息系统中的网上公共书目查询子系统，该系统一般可提供多个查询途径，如分类途径、主题途径、责任者途径、题名途径等。如读者想从图书馆借阅某些图书，他首先必须知道这些图书在该图书馆是否收藏以及其索取号是什么。例如他想借阅有关英语四、六级考试方面的图书，他可以从分类途径入手。根据《中国图书馆分类法》规定，英语四、六级考试方面的图书为中国大学英语等级水平考试类，其分类号为H310.42，读者在网上公共书目查寻子系统中分类号输入框里键入H310.42，所有有关大学英语等级考试方面的图书书目信息立即在电脑的显示屏前列出，用户根据书目信息确定借阅哪些图书，得到这些图书的索取号，根据索取号直接从图书馆书架上取出这些图书，然后，交图书馆员办理借阅手续。用户也可以利用主题途径来查询自己想要的图书，根据《中国汉语主题词表》确定其正确主题词，在主题的输入框中键入主题词，所有这一主题相关的书目信息立即在电脑的显示屏上列出。当然，读者也可以从其他途径来查询自己想要的图书。

二、信息检索的分类

按信息检索方式和存储方式不同，可以得到以下不同的信息检索分类。

1. 按信息检索方式的不同进行分类

信息检索依据检索的方式可以划分为：传统手工检索和计算机数字化信息检索。

（1）传统手工检索

是指完全依靠人工操作方式，使用检索工具查询信息的过程，检索工具如卡片式或书本式的目录、索引、文摘、参考工具（辞典、手册、百科、年鉴）等。

（2）计算机数字化信息检索

是指把信息存储在计算机存储设备（如光盘、本地磁盘、磁盘阵列以及远程服务器等）上，再利用计算机进行检索，如图书馆网上公共书目查寻系统、中国学术期刊网、EBSCOhost系统全文数据库、LexisNexis Academic数据库等。在人们的习惯中，通常将利用计算机进行的检索称为"检索系统"，而把手工检索系统称为"检索工具"。

其中，计算机数字化信息检索又分为全文检索、多媒体检索、超文本检索、光盘检索、联机检索、网络信息检索以及超媒体检索等。

a. 全文检索：是以全文数据库存储的信息为基础，通过计算机进行识别、处理，并允许用户使用自然语言表达，借助截词等匹配方法直接检索文献原文信息。全文检索途径有内容与外表特征组合检索，有全文分类专题检索和二次检索，有关键词单汉字检索，有位置限定检索以及后控词表检索等。

b. 多媒体检索：就是将文字、声音、图像等多种信息的传播载体通过计算机进行数字化加工处理而形成的一种综合技术，以满足用户多样化的信息需求。多媒体检索包括视频检索，就是在视频数据中查找所需要的视频片段，如关于卫星动态变化等；声音检索，查找一段声音，用匹配方法给定样值的声音，对声音文本的检索等；图像检索，就是通过分析图像的内容，如色彩、纹理等建立特征索引，并存储在特征数据库中，检索时只要把图像的模糊印象描述出来，即可在图像数据库中找到所需求的图像。

c. 超媒体及超文本检索：系统是一个由节点和链构成的有向网络，即非线性网状结构。因此，用户检索必须沿着交叉链进行选择，而不是传统的线性文本系统，检索只需按顺序进行。超媒体和超文本提供的检索方式主要是基于浏览和基于提问两种。

d. 联机检索：是建立在计算机联机处理方式上的检索。用户采用终端并通过通信线路，以"对话"方式直接访问数据库，进行存储、检索、打印、数据修改等处理。其特点是实时性、完整性、共享性、广泛性。世界上一些著名的联机系统如OCLC、Dialog等都加入了因特网。只要开通了因特网，就可以通过界面友好、操作简便的Telnet（远程登录）联机方式WWW（World Wide Web）进入国际联机系统。

e. 光盘检索：是一种以光盘为信息载体的检索方式。目前，光盘检索已趋向网络化。在一些高校，光盘数据库在网上通过光盘塔提供给网上用户共享，不仅可以实现多对一的检索效果，而且还能使光盘数据库中的多张光盘同时被一个检索词扫描检索。光盘网络化使光盘利用率大为提高。

f. 网络信息检索：就是利用有效的网络检索工具从因特网的信息资源宝库中获取所需要的特定信息。主要有四种类型：第一种是基于FTP类的，这是一种实时的联机检索工具，常用Archie自动标题检索软件，根据文件名和目录名进行检索；第二种是基于菜单方式的，这是一种分布式信息查询工具，在一级一级的菜单引导下，通过Gopher服务器检索文件名、目录名、文档及其他信息资源；第三种是基于关键词的，这是利用WAIS信息服务软件，对信息资源名称或关键词自动进行远程检索；第四种是基于超文本方式的，这是一种WWW的信息查询工具，通过因特网对全世界的各站点相关数据信息进行自动检索等。

随着计算机技术和通讯技术的发展，手工检索已逐步被计算机检索所取代。

> 光盘是一种利用激光技术将信息写入和读出的高密度存储媒体。光盘使数据库检索日益普及，其特点是存储容量大，一张光盘能存储1亿多个汉字；制作成本低；存档特性好；存取灵活；可以无限制使用；可以套录，即随时将检索结果套录于软盘上，提供定题服务；检索途径有内容、作者、关键词、号码、出处等多种；还可以作为联机检索、网络检索的有效补充工具等。

2. 按信息检索的存储方式和内容的不同进行分类

信息检索按其存储与检索的内容不同可分为四大类：书目检索、事实检索、数据检索和全文检索。

（1）书目检索

是指检索系统存储的是书目、索引、文摘等"二次文献"，它们是信息的外表特征与内容特征的描述，是文献的"替代物"。用户通过检索查获与检索课题有关的一系列文献信息线索，然后，通过阅览来决定取舍。例如，利用图书馆公共书目查询系统检索所需大学四、六级英语考试方面的图书，检索结果是提供图书馆馆藏的书目信息，读者通过阅览这些书目信息来决定借阅哪些图书，通过书目提供的索取号，把这些图书从图书馆的书库中找出来。

（2）事实检索

是以事项为检索对象的信息检索。既包括事实、概念、知识等非数值信息，也包括一些数据信息。检索系统具有简单的逻辑判断能力，是一种确定性检索。文献信息用户获得的是有关某一事物的具体答案。例如，利用谷歌（Google）检索2004年诺贝尔奖经济学得主是谁。

（3）数据检索

是以数值为检索对象的信息检索。检索系统中存储的大量数据，既包括物质的各种参数、银行账号、电话号码、经济统计数据、股市行情数据等数字数据，也包括各类图表，如财务报表等非数字数据，并提供一定的运算推导能力。数据检索也是一种确定性检索，因为这些数据大多是经过权威部门测试、评价、筛选过的，信息用户可以直接用来进行定量分析。例如，利用LexisNexis Academic数据库检索美国通用电器公司2004年10月份财务报表。

（4）全文检索

是以所含的全部信息作为检索内容的信息检索，即检索系统存储的整篇文章或整本图书的全部内容，用户检索可以按需求，查找出有关的句、段、节、章及全文。由于电子计算机容量与运算速度的增大和提高，全文检索已成为数据库发展的趋势。例如，利用清华大学的中国学术期刊网、万方博硕论文数据库、EBSCOhost系统全文数据库等。

在这4种信息检索中以书目检索最为常见。而事实上，要完成一项课题任务或撰写论文，全文检索已成为最重要的信息检索，也是最受用户重视的信息检索方式。

三、信息检索的作用

信息检索的作用显而易见，每天我们都需要获取某些信息。

1. 开发、利用信息资源，提高经济效益

世界著名的柏林图书馆大门上刻着的碑文是："这里是人类知识的宝库，如果你掌握了它的钥匙，那么全部知识都是你的。"科学技术发展的大量事实证明，没有继承和借鉴就没有提高，没有科学上的交流和综合就没有发展。著名科学家牛顿正是在伽利略和开普勒所认识和总结力学定律的基础上继承和借鉴、综合和发展他们的学说，从而到达经典力学的高峰。据统计，科研工作中出现的各种问题95%以上是借助他人的成功或失败的教训而解决的，从而避免出现不必要的错误和重复劳动，使科研工作能以最小的代价、最佳的方案、最短的时间取得最满意的效果。大学生可以充分利用图书馆丰富的信息资源，有目的地、快速准确地获取信息，吸收信息，进行知识创新的创造性的工作。

2. 防止自身知识老化，强化终身学习

在信息"爆炸"的今天，信息增长速度惊人，特别是尖端科学、新兴科学的信息增长更快，数量庞大，类型复杂，文种多样，内容交叉重复。为了准确、迅速地检索到所需的信息，用户必须熟练掌握自己专业领域的常用检索工具和检索系统，去获取新知识，了解新信息，占有新资源，研究新问题，以适应改革开放的需要，这也是防止知识老化的重要方法。大学生在大学学习中已获得了进行科研的最基础的知识，但在校时间毕竟有限，走上工作岗位后，仍需要不断更新知识，才能适应科技的快速发展。掌握信息检索的方法和技能，就可无师自通，不断扩展知识面，不断调整其知识，以尽快找到一条吸取和利用大量新知识的捷径。

3. 节省科技工作者宝贵的时间和资金

科研人员在从确定科研课题到最后取得成果的全过程中，用于收集、检索情报信息的时间所占比重相当大，约95%以上的问题是从检索中受到

启发，往往只有1%～5%的问题是靠自己的创造劳动来解决。毫无疑问，掌握信息检索基本功是至关重要的。利用现代化检索手段，通过国际联机、光盘检索系统、数据库检索系统和网络信息资源的检索，可以大大节省科技工作者宝贵的时间和资金，可以大大提高用于思考的创造性劳动的时间的比例，以创造更多的成果。

第二节 信息资源基础

信息是一种重要的资源，已成为人们的共识。它包括信息的生成源和加工整理后的再生源。

一、信息资源的分布

一般来说，信息资源包括传统文献资源、电子出版物和网络信息资源等多种媒体在内的、涵盖范围较广的各类信息资源。对信息资源的划分，从不同的角度、不同前提条件出发可划分出不同的信息资源的分布情况。

1. 按信息源的表现形式分类

（1）**文献型信息源**

文献型信息源是以文字、图形、符号系统形式存储于各种不同载体上的信息源。文献由知识内容（信息内容）、记录符号、载体材料、制作方式及载体形态五个基本要素组成。其中，知识内容（信息内容）是文献的灵魂，载体材料是信息内容存储的依附体。常见的文献型资源有如图书、报纸、期刊、磁带、光盘等。文献资源是目前内容最丰富、使用频率最高的信息资源。

（2）**数据型信息源**

以数值数据形式存储于不同载体上的信息，如统计数据、测量数据、理化数据等等。

（3）**声像型信息源**

以声音或图像形式出现的信息源，它比文字直观，易于理解，可以表现文献资源难以描述和表达的信息，如电影、电视、CD、VCD、DVD、LD等。

（4）**多媒体信息源**

多媒体信息源是随着信息技术的发展而出现的一种新的信息源形式。"多媒体"一词译自英文"Multimedia"。媒体（Medium）原有两重含义：一是指存储信息的实体，如磁盘、光盘、磁带、半导体存储器等，中文常译作媒质；二是指传递信息的载体，如数字、文字、声音、图像等。多媒体信息源是集声音、文字、图像、数据等多种通信媒介为一体的信息，一般以网络形式或光盘出现。

2. 按信息的载体形式分类

（1）印刷型

以手写、印刷、复印等手段把信息固化在纸张上而形成的信息载体。如图书、期刊、报纸、档案、专利说明书、产品说明书等。印刷型文献是一种历史最悠久的文献。其特点为传递知识方便灵活、广泛，保存时间长，缺点是存储密度小，体积庞大。

（2）缩微型

以印刷为母本，采用感觉材料为存储介质，通过缩微技术而产生的一种信息载体形式，如缩微胶卷、缩微平片、缩微卡片等。其特点是体积小、信息密度高、轻便，易于传递与保存，但存储、阅读均需要借助一定的设备。

（3）声像型

它是一种非文字形式的文献，以电磁材料通过特殊设备将声音、图像、动画等记录下来，给人以直观、形象的感受，它包括唱片、录音带、录像带、电影电视片等。特点是能以逼真的形象、声音提供知识信息，适宜于难以用文字表达和描绘的知识信息，如服装展示、机械结构及运动说明、音乐演出等，但存储、阅读均需要借助一定的设备。

（4）电子型

采用高技术手段，把信息存储在磁盘、磁带或光盘等载体中，通过计算机对电子格式的信息进行存取和处理。电子出版物内容丰富，类型多，包括电子图书、电子期刊、电子报纸、电子地图等，具有存储密度高，存取速度快，并具有电子加工、出版和传递等功能，但需要相应的计算机软、硬件技术与设备条件支持。

3. 按信息的出版形式分类

这是一种最常见的分类方法，包括图书、期刊、报纸、档案、标准、图谱、研究报告、会议资料、学位论文、专利说明书、产品说明书、政府出版物等。

（1）图书

图书大多是对已发展的科学技术成果、生产技术知识和经验经过著者的选择、鉴别、核对、组织而成的，论述比较系统，全面可靠，查阅方便（有目次表、索引），但出版周期较长，知识的新颖性不够。如果要对范围较广的问题获得一般的知识，或对陌生的领域获得初步的了解，参考图书是有效的办法。图书一般属于三次文献，但有的专著往往包含著者的最新的研究成果，这类图书则具有一次文献的意义。图书种类较多，包括专著、丛书、教科书、词典、手册、百科全书等各种阅读型图书和参考书。

图书的著录特点：① 有著者、书名、编者；② 有出版地、出版社名和出版年份，出版地和出版年份之间使用冒号连接；③ 有时有表示主编和版

> 图书可以分为两种，一种为普通书籍，一种为工具书。

次的信息；④有时还给出国际标准书号（ISBN）。

（2）期刊、报纸

期刊又称杂志，一般是指定期或不定期出版的有固定名称的连续出版物（一般有固定的名称、统一的出版形式和一定的出版规律）。它们有连续的卷、期或年、月顺序号。其特点是出版周期短，反映新成果及时，内容新颖，信息量大且文献类型多样等，能及时反映科学技术中新成果、新水平、新动向。期刊发表的论文大多数是原始文献，许多新的成果、新的观点、新的方法往往首先在期刊上刊登。期刊是交流学术思想最基本的文献形式，因而成为利用率最高的文献类型。期刊情报约占整个信息源的60%～70%，由此科技期刊受到科技工作者的高度重视，大多数检索工具或检索系统就是以科技期刊为主要报道的对象，对某一问题需要了解时，最普遍的办法是查阅期刊论文。

期刊按内容性质可分为学术期刊、通报性期刊、技术性期刊、科普性期刊、动态性期刊、综述和述评性期刊和检索性期刊等。其中，学术期刊、技术性期刊、综述和述评性期刊对科研生产的直接参考价值较大，而通报性期刊、科普性期刊、动态性期刊和检索性期刊出版周期短，对掌握发展动态和查找最新信息有帮助。

期刊论文的著录特点：① 有作者、有时有篇名；② 常常有表示期刊的单词，如journal、transactions、bulletin等。期刊名称常常缩写，有时可以用斜体；③ 必定有卷号，有的有期号。

报纸也是一种连续出版物。对社会科学特别是对广泛的社会研究和企业经营来说，报纸是非常重要的信息源。

（3）科技报告

科技报告是国家政府部门或科研生产单位关于某项研究成果的总结报告，或是研究过程中的阶段性报告。科技报告的出版特点是单独成册，统一编号，由主管机构连续出版。科研报告比期刊论文新颖详尽，出版周期短，报告周期短，能反映一个国家或某一学科的科研水平，是不可多得的信息源。以美国出版的为主，美国政府的PB、AD、NASA、DOE四大报告在国际上最为著名。

科技报告可分为技术报告、技术备忘录、札记、通报和其他（如译文、专利等）。技术又分为绝密、秘密、内部限制发行和公开发行。

科技报告的著录特点：① 有著者、篇名、报告号、完成单位名称；② 有表示报告的单词，如report、memorandum等；③ 有报告号、年份等。

（4）会议文献

会议文献是指国际学术会议和各国国内重要学术会议上发表的论文、报告。会议文献学术性强、内容新颖，往往能代表某学科领域的最新成果、水平和发展趋势。会议文献是了解国际及各国的科技水平、动态及发展趋势的重要情报来源。会议的类型很多，归纳起来可分为国际会议、全国会议、地区性会议三种。会议文献大致可分为会前文献和会后文献两类。会前文献主要指论文预印本和论文摘要；会后文献主要指会议结束后出版的论文汇编——会议录。据统计，目前世界上每年有上万次学术会议，发表学术论文数十万篇。

会议文献的著录特点：① 有表示会议的专门词，如 Conference Meeting Congress；② 有表示期刊的专门词，如 Proceedings of ...、Collection of ... 等；③ 有时有会议召开的地点、时间，以及会议记录的出版地、出版社、出版年份。

（5）专利文献

专利文献是根据专利法公开的有关发明的技术文献，主要为专利说明书（所谓的专利说明书是指专利申请人向专利局递交的有关发明目的、构成和效果说明的技术文件），也包括专利法律文件和专利检索工具。专利文献具有新颖性、创造性和实用性的特点，且范围广泛、出版迅速、格式规范，有助于科技人员借鉴国际先进技术，避免重复劳动。专利说明书对于工程技术人员，特别是产品工艺设计人员，是一种切合实际、启迪思维的重要信息源。

专利文献的著录特点：① 有发明人、专利名称、国际专利分类号；② 有表示专利的词（patent）和专利号，专利号由国际规定的两个字母表示的国家名称和其后的顺序号组成；③ 有专利的公开日期和申请日期。

（6）学位论文

学位论文是高等学校、科研机构的学生为获得学位，在进行科学研究后撰写的学术论文。学位论文的质量参差不齐，但都是就某一专题进行深入系统研究的总结，一般都是具有独创性的一次文献。学位论文既偏重理论研究，又重视实践探索，并附有大量参考文献，参考价值大，属于难得文献。学位论文一般不出版，不易获得，少数经过修改后在期刊上发表。随着计算机技术的发展，国内外现已建学位论文数据库。

学位论文的著录特点：① 有著者、篇名；② 通常有表示学位级别和学位论文的词，如 Thesis、Dissertation 等；③ 有时有论文作者所在的学校名、指导教师姓名。

（7）标准文献

标准文献是一种标准化工作的规范性技术文件，是经过公认的权威部门批准的标准化工作成果。主要为有关工业产品和工程建设的质量、规格和检验方法的技术规定文件。标准文献是一种规章性文献，具有法律约束力。一个国家的标准文献反映该国的生产工艺水平和技术经济政策，而国际现行标准则代表了当前世界水平。国际标准和工业先进国家的标准常常是科研生产活动的重要依据和信息来源。

技术标准按使用范围可分为国际标准、区域性标准、国家标准、专业标准和企业标准等五大类型。每一种技术标准都有统一的代号和编号，独自构成一个体系。

标准文献的著录特点：① 有标准制定单位的名称和标准题目名；② 通常有表示标准的词，如：Standard、Recommendation 等；③ 有标准号。标准号按惯例由标准颁布机构代码、顺序号和颁布年份构成。

(8) 技术档案

技术档案是在生产活动中形成的，是具体事物对象的技术文件、图纸、图表、照片、方案、原始记录等资料的总称。详细内容包括任务书、协议书、技术指标、审批文件以及研究计划、方案大纲、技术措施、调查材料（原始记录、分析报告等）、设计计算、试验数据、设计图纸、工艺记录等。以上资料是企业生产建设和开发研究工作中用以积累经验、吸取教训和提高质量的重要文献，现在各单位都相当重视档案的立案和管理工作。

技术档案大多由各系统、各单位分散收藏，一般具有保密和内部使用的特点，因此在参考文献与检索工具中很少使用。是各种社会活动的实录，是真实可靠的历史信息情报，具有很高的参考价值。

(9) 政府出版物

政府出版物是各国政府部门及其设立的专门机构发表、出版的文献，其内容十分广泛，从基础科学、应用科学技术到政治、经济等社会科学，是了解各国政治、经济及科技情况的重要文献。就文献的性质来看，其内容可分为行政性文件（如政府法令、法规、方针政策、调查统计资料等）和科技文献（科技报告、科普资料、技术政策等）两大类。前者的文献约占60%～70%。通过这类文献可了解一个国家的科技学术、经济政策、法令、规章制度等。这类资料具有极高的权威性，对企业的活动具有重要的指导性。

(10) 产品资料

产品资料是国内外生产厂商或经销商为推销产品而印发的产品宣传和使用资料。产品资料通常对产品的特点、性能、结构、原理、用途和维修方法、价格等作具体说明，内容成熟，数据可靠，有的有外观照片与结构图。查阅、分析产品资料，有助于了解产品的水平、现状和发展动向，获得有关设计、制造、使用中所需的数据和方法，对于产品的选购、设计、制造、使用等有着较大的参考价值。

全世界每年出版的产品样本，据不完全统计约有70万～80万种。我国对于产品样本的收集及出版工作也很重视，有关部委及地方相关部门有计划地编辑出版本部门、本行业的产品样本和产品目录。

产品资料的著录特点：① 有公司名称；② 通常有表示产品的词。

4. 按信息的加工程度分类

按信息的加工程度对信息进行划分，可分为一次信息、二次信息、三次信息。

(1) 一次信息

也称原始信息，也称一级文献或原始文献。凡是以作者本人的生产与科研工作成果为依据而创作的原始文献，均属一次文献的范畴，如期刊论文、学位论文、学术论文、科技报告等。一次信息是人们学习参考的最基本的文献类型，也是最主要的文献情报源，是产生二次、三次文献的基础。

特点是内容新颖丰富、叙述具体详尽、参考价值大，但数量庞大、分散。

（2）二次信息

也称二级文献或检索性文献，是报道和查找一次文献的索引工具，如各种目录、文摘、索引、题录等。指文献工作者按照特定的目的对一定范围或学科领域的一次文献进行鉴别、筛选、提炼、浓缩和加工整理，使分散信息集中、有序后的出版物。即著录其外部特征和内容特征，标引出文献的主题，编制成具有多种检索途径的检索工具。其主要功能是检索、通报、控制一次文献，帮助人们在较少的时间内获得较多的文献信息。特点是具有汇集性、工具性、综合性、交流性。

（3）三次信息

是对一、二次信息按知识门类或专题进行综合加工的产物，如百科全书、年鉴、手册、综述等。三次文献源于一次文献，又高于一次文献，是一种再创性文献。

5. 按信息的传输方式分类

（1）网络信息源

通过各种网络手段获取的信息资源为网络信息源。目前，网络信息资源最丰富的应为因特网，它可通过一定检索系统或搜索引擎对网络上信息进行检索、阅读、拷贝、下载等。

按人类信息的交流方式来看，网络信息资源又可分为非正式的出版信息，如电子邮件、电子会议、电子公告栏等；半正式出版信息，又称"灰色"信息，指受到一定产权保护但没有正式出版信息系统的信息，如各学校团体、机构、企业等单位宣传自己或产品的信息；正式出版信息，指受到一定产权保护、信息质量可靠、利用率高的信息，如各种网络在线数据库、电子杂志、电子图书等。

信息技术的发展使网络信息源在信息检索中的地位越来越重要。

（2）非网络信息资源

非网络信息资源就是不通过网络传递就能获取的信息资源，包括各种印刷型、缩微型及商业电子型的信息资源。

信息资源是一个发展着的有机体，信息资源的类型也是动态发展的。随着科学技术的发展，新的信息资源类型不断涌现，信息的分类标准也随之发生变化。

二、信息资源的组织

信息资源组织是指由信息人员运用专门的信息技术手段对大量的、分散的、杂乱的各种原始数据进行搜集选择，采用科学方法，将收集的信息经过优化、加工处理和分析整序，形成一个便于有效利用的系统过程。例如图书馆的采访部功能是收集信息（图书文献）；编目部的功能是对收集来的信息（图书文献）进行编目加工，形成图书馆书目信息系统；流通部的功能就是根据编目部给定的图书组织方法，将图书有序组织在库架上以供读者借阅。

信息组织的作用就是通过收集信息、加工信息，将信息内容特征、外表特征等采用一定的科学方法和手段使其有序化，组成一条条文献线索，以揭示信息之间内在的逻辑联系，从而达到有效利用信息的目的。

信息组织是以各种信息载体作为对象，对其进行有序化组织，就其处理的单元而言，存在着多种不同的层次：它可以直接以信息资源的对象存在单元为处理对象，例如，以图书、期刊、网站等为处理单元；也可以以期刊、网站等中的论文、新闻等为处理单元。无论传统或网络信息组织方法大体都按照学科体系结构与主题字顺方法来组织各类信息，即分类法和主题法。

（1）分类法

是按知识门类的逻辑关系，从总到分，从一般到具体，层层划分、逐级展开的等级结构体系，其类目的标识符号主要是阿拉伯数字或字母与数字组成的分类号形式，它有较强的系统性，便于检索某一学科、某一专业或某一宽泛课题的文献。目前国际上应用广泛的分类法主要有杜威十进分类法（DDC）、国际十进分类法（UDC）、美国国会图书馆分类法（LCC）和中国图书馆图书分类法等。

（2）主题法

是直接用词语作为表达主题概念的标识，利用字顺排列和参照系统等方法来间接表达各种概念之间的朴素关系，它的标识符号是主题词形式。它通过事物名称对文献进行标引和组织，按字顺排检，具有直观性和易用性。由于它不像分类法那样受到严格的等级限制，因此表达灵活，专指性强。

（3）超文本组织法

是一种基于知识单位的新型信息组织方法，它借助超文本技术来实现，超文本技术将文本信息存储在无数节点上，一个节点就是一个相对独立的"信息块"，节点之间用"链"连接，组成信息网络，它也可以链接声音、图像、影视等多媒体信息，它能在类目与类目之间进行超链，也可以对主题词进行超链，它可以使人们随心所欲地在各个文档中跳转，使用户所需的信息像蜘蛛网一样扩大。

由于信息资源的不同或组成的检索工具（数据库）不同，信息组织也产生多种不同的组织方式。如根据检索工具（数据库）的对象和特点，信息组织可以分以下几类。

1. 目录方式

以目录方式组织信息资源的方法通常是以各种媒体的文献单元为对象，按照事先确定的概念体系分门别类地逐层加以组织，包括文献收藏目录和书目。目录主要用于检索出版物的名称、著者及其出版、收藏单位。常用的目录有国家书目、馆藏专题目录、联合目录、出版发行目录等。此法的优点是组织的二次信息专题性较强，且能较好地满足族性检索的要求，用户按照规定的范围分类体系，逐级查看，按图索骥，目的性强，查准率高。

2. 索引方式

索引方式是以文献集合中包括的信息内容为对象的检索工具，如期刊论文索引、报刊索引、工具书索引等。索引方式给人们提供某一内容、特征的查找线索，所揭示的内容深入到文献所包含的信息单元。检索标识可以是论文的题目、名词术语、人名、地名，也可以是分子式、各种号码等。

索引与目录的主要区别在于：目录是对某一种出版物作整体的著录，故称之为宏观著录。它对某种特定书目来说，只能按一种既定方式提供一种检索途径，不能满足人们多途径检索和文献细节内容或细小外表特征的微观检索要求。索引则弥补了这种缺陷，它可将文献所包括的若干信息分析摘录出来作为排检标识，注明出处，以便进行微观检索。而且，这种微观检索的标识可根据各种需要，就一定的范围进行任意选择和标引，从而满足多途径的检索要求，大大提高了文献的引导深度和检索效率。

3. 数据库方式

数据库方式是一种依托计算机技术，以机读形式建立的检索系统。数据库按照某种同类记录按一定方式组织而成。数据库可分成文献型数据库和非文献型数据库两类。文献型数据库中，目录数据库通常收入文献目录或索引数据，是手工检索刊物的机读形式，而全文数据库则收入文献全文或部分全文信息，人们可以从多种检索途径入手查阅文献原文。非文献型数据库则包括事实数据库、数值数据库、图像数据库等多种类型。

4. 网络搜索引擎

网络搜索引擎是一种专门为组织与检索网络信息资源使用的检索工具，也是数据库的一种特殊形式。网络搜索引擎涉及的资源类型多、动态性强、形式多样。它不仅可以处理各种类型的网站、个人主页等网上资源，而且还可以连接包括BBS、聊天室及各种电子形式的数据库，通过超文本链接方式，访问各种形式的信息资源。常见的网络搜索引擎如Google、Yahoo!、百度等。有关网络信息源利用与网络搜索引擎介绍在本书以后的章节中将有重点叙述，这里不再赘述。

5. 信息检索工具与检索系统

关于信息检索工具和检索系统这两个概念在本章前几节中已涉及。信息检索工具或检索系统是信息组织与利用的核心，是信息人员与用户的桥梁。

（1）**检索工具**

是人们为了充分、准确、有效地利用已有的文献信息资源而编制的用来报道、揭示、存储和查找文献信息资源的特定出版物。检索工具通常以书本、卡片、表册的集合形式出现，如书目、索引、文摘、年鉴、手册等。检索工具的结构较简单，以纸质为记录材料和存储设备，检索功能也相对较弱，依靠人的智力和知识来进行信息的比较选择。

（2）**检索系统**

通常指以非纸介质为记录和存储载体，用机器语言或机器可读语言表示信息，由多个子系统或模块构成，依靠某种匹配机制来筛选相关信息，无论是存储信息还是检索信息都需要借助计算机、通信网络等设备，是在手工检索基础上发展而成的，是数字图书馆的主要工具。

关于检索工具和检索系统，本书后面的章节将重点介绍常用的检索工具和检索系统，这里就不再赘述。

第三节　信息检索语言

一、检索语言的概念及其特点

检索语言（retrieval language）是用来描述文献特征和表达检索提问的一种专门语言，是根据信息检索的需要而创建的，又称信息检索语言、索引语言、标引语言、系统语言等。

检索语言专门用于各种手工的和计算机的信息检索系统，其实质是表达一系列概括信息内容的概念及其相互关系的概念标识系统。这些概念的标识，有的是从自然语言中精选出来并加以规范化的一套词汇，有的是代表某种分类体系的一套分类号码，也有的是代表某一事物的某一方面特征的一套代码等，如人们熟悉的《中国图书馆图书分类法》《汉语主题词表》等。这些词汇、分类号码、代码分别被称为检索词、分类号和代码，用它们对信息内容进行主题标引、特征描述和逻辑分类。

在本章第一节信息检索概念及其原理中，我们就提到无论是信息存储还是信息检索查询，都需要通过一种标识语言来表现，借助它既能表达和识别信息，又能查找信息。因此，检索语言是沟通信息存储与文献信息检索者双方思想交流的桥梁，是组织信息和查找信息的手段。

检索语言的特点是简明、专指、单一，其主要功能有以下四个方面：

第一，是信息的外部特征和内容特征之概念描述的依据和标引的规则；

第二，对内容相同及相关的信息加以集中或揭示相关性；

第三，使大量的、分散的、杂乱无章的信息加以系统化、有序性；

第四，便于将标引用语和检索用语进行相符性比较。

检索语言由词汇和语法组成。词汇是登录在分类表和词表中的全部标识。一个检索词（或分类号，或代码）就是一个标识，称为一个词汇。由许多词汇组成的主题词表、分类表是词典。语法包括主题词表或分类表的编制原则、组合排列次序，以及存储和检索如何根据词汇进行标引和查找的一整套规则和细则。

二、检索语言的种类

检索语言类型很多，按构成原理可分为分类检索语言、主题检索语言和代码检索语言；按标识的组合使用方法可分为先组式语言（即信息标识在编表时就固定组配好的，如体系分类语言等）和后组式语言（即信息在检索时才组配起来的，如单元词语言等）。除此之外，还可以按包括学科或专业范围、适用范围等划分类型。

1. 按表达文献特征划分

按表达文献特征划分为描述文献外表特征的检索语言和描述文献内容特征的检索语言两种。

2. 按组配方式划分

（1）**先组式检索语言**

指在检索之前表达文献主题概念的标识已事先拟定好的检索语言，如标题词语言、体系分类语言等。

（2）**后组式检索语言**

指表达文献主题概念的标识，在编制检索语言词表和标引文献时不预先组配，而是在检索时，根据实际需要，按照级配规则临时进行组配的检索语言，如叙词语言等。

3. 按结构原理划分

（1）**分类语言**

分类语言中常见的是体系分类语言。体系分类语言，按学科、专业集中文献，并从知识分类角度提示文献在内容上的区别和联系，按照学科知识的逻辑次序，从总到分，从上到下，层层划分，形成一个严格有序的等级结构体系，提供从学科分类检索信息的途径，是一种直接体现分类等级概念的标识系统。《中国图书馆分类法》就是一个典型的体系分类语言，分类表则是这种语言的具体体现。

《中国图书馆图书分类法》简称《中图法》。北京图书馆（国家图书馆）等组织全国力量编辑，1975年出版第1版，1982年出版第2版，1990年出版第3版，1999年出版第4版，2010年出版第5版。《中图法》是由5大部类、22个大类、8个通用复分表、数万多条类目组成的一个完善的分类体系。

《中图法》标记制度采用汉语拼音字母与阿拉伯数字相结合的混合小数层累制，并以字母顺序反映大类序列。对类目的排列采用不同的字体和行格等形式来显示类目之间的关系。

（2）**主题语言**

分为关键词语言、标题词语言、单元词语言、叙词语言等四种。**关键词语言**指以关键词作为文献内容标识和检索入口的一种主题语言。具体指从文献的标题、正文或摘要中直接提取未经规范化处理的自由词汇作为标识语言。关键词不受词表控制，可自由进行组配，以表达文献的内容特征。其最大的优点是能用计算机进行自动抽词标引，适合于计算机自动编制各种类型的词索引。**标题词语言**用规范化了的自然语言，即经过标准化处理的名词术语作为标识，来直接描述文献内容特征，并将全部标识依字顺排列的标识语言。如用"中国"而不用"中华人民共和国";用"弹性、塑性形变"而不用"弹-塑性形变"。美国《工程索引》中的"Subject Headings for Engineering"就是典型的标题词语言。**单元词语言**指一个个最小、最基本的,其概念不可再分的词汇单位,能够用来描述文献所论及或涉及的事物——主题的那些单词,未经过规范化处理的或只作少量规范化处理的自然语言,也无词表。检索时,根据检索课题的需求,选取恰当的单元词进行组配检索。例如,美国化工专利使用的《化学专利单元词索引》。**叙词语言**是多种情报检索语言的原理和方法的综合,它力图取各法之长而避各法之短。所谓叙词,是从文献题目、正文或摘要中抽取出来的,用以表达文献内容,采用表示单元概念的规范化语词,通过这些规范化语词的组配来对文献内容进行描述,这是后组式标识系统的标识语言。叙词受词表控制,词表中词与词之间无从属关系,都是相对独立的概念单元。中国编制的《汉语主题词表》就是典型的叙词语言。其最大的优点是可以自由组配检索概念,非常适用于计算机检索。

（3）号码语言

为了提高检索语言的语义能力而提出的一种号码或代码系统,例如报告号、专利号等。

（4）名称语言

一种以文献信息中所包含各类名称作为标识和检索的语言,例如书刊名、篇名、作者姓名、团体名称等。

不同的检索语言可以组织不同的检索标识和不同的索引系统,向用户提供多种检索途径与检索方法。而不同的检索系统或检索工具,常常采用不同的检索语言,即便是同一种检索系统或检索工具,也往往同时采用不止一种的检索语言,这是为了在同一检索系统或检索工具中,同时具有多种不同的索引系统,提供多种的检索途径。

三、信息检索途径

所谓**检索途径**,是指从哪个角度或哪个方向进行信息检索。在用户检索信息时,往往是以信息的某一特征作为切入点。一般地说,文献信息的内容特征和外表特征都可以成为检索的切入点。信息人员在编制检索工具和检索系统时依据信息的特征和检索语言的原理,为用户建立多种多样的检索途径:分类途径、主题途径、文献名称途径、责任者途径、文献代码途径、引文途径、时序途径、地序途径等。

1. 分类途径

分类途径是用户普遍使用的一种方法。分类途径是以科学分类为基础,结合信息的特征,运用概念划分的方法,把知识区分为许多大小类目,并用标记符号作为代号,使其形成一个有系统、有层次、逐级展开的排列表。分类途径又称分类表。分类途径有普通分类法和专门分类法。普通分类法是针对各个领域和各种类型的文献编制的,如《中国图书馆图书分类法》

我们在使用分类途径时,还应当学习掌握其他信息检索途径,多种方法配合使用,才能有效、正确利用各种文献信息。

《美国国会图书馆分类法》等。专门分类法是针对特定领域特定类型的文献编制的，如我国的《中国标准文献分类法》，国外的《国际专利分类法》《美国专利分类法》等。

分类途径的局限性在于不能集中与事物有关的各方面的文献信息，不能有效满足用户检索综合性课题的需求；同时由于分类体系较为稳定，一些论述新概念、新事物的文献信息不能及时用新类目加以反映，容易漏检；还由于分类体系的单线排列，一些边缘学科、交叉学科、相关学科难以反映出来，等等。

2. 主题途径

（1）主题途径

是根据信息内容的主题特征进行检索的途径。表示信息所论述和研究的事物、问题、现象的概念叫做主题；用以表达信息主题概念的词叫做主题词，并作为检索标识。在信息检索中，主题途径的使用较为方便。

（2）主题索引

是以主题词为目标，并按主题词字顺排列的索引。按照主题词的选词方式，习惯上可分为标题索引、单元词索引、叙词索引和关键词索引。

（3）标题索引

是主题索引系统中最早出现的一种语言，传统的主题索引实际上就是标题索引。它以经过规范化的标题（词）作为文献信息的概念标识，并运用多种标题形式组成固定搭配。如"经济核算"（主标题词）、"经济核算——商业"（副标题词）。标题索引是以事物来集中文献信息，用参照系统显示关系，提供字顺系列的检索途径。

（4）单元词索引

是将原来较为复杂的文献信息主题分拆到最基本的词汇单元——单元词。如"经济核算"拆成"经济"和"核算"，使每个单元词都能够成为排验的标识，从而增加了检索途径。

（5）关键词索引

是直接从文献信息中抽取有实质意义的词语，并按字顺进行编排的。如有一篇论文的题名是《员工认股权计划会计问题的探讨》，其中，"论股权价值法""酬劳成本""公允价值法""内在价值法"，是该论文描述的主题，又能作为检索词，是关键词。关键词索引是一种使用较为普遍的检索工具（或检索系统辅助索引）。

（6）叙词索引

是根据叙词法原理编制的以叙词作为目标的概念组配索引。它综合了标题索引、单元词索引、分类索引的优点，适应性较强，广泛应用于检索系统，尤其适用于计算机检索。我国编制的叙词表主要有《汉语主题词表》，全书收入社会科学和自然科学的主题词有10万多条；此外，还有70余种专业主题词表。

3. 文献题名途径

文献题名途径是根据文献信息外表的名称特征进行检索的途径，即把文献信息上记录的书名、刊名、篇名等作为文献信息存储的标识和检索的出发点。各类书名目录或索引、篇名目录或索引等，都是按其题名字顺组织起来的，均提供了题名检索途径。

我国古代书目较重要的检索途径就是书名。对于现代文献信息，在我国图书馆目录体系中，无论是手工检索还是计算机检索，书名目录仍然占有较重要的地位。用户只要在记清书名、刊名的情况下，通过书名、刊名目录就能准确迅速地检索到该书、该刊，符合特性检索的要求。

在文献信息上题名信息，如书名、刊名、篇名本身就具有客观性与唯一性，即都是以原文献信息所题的名称为准，不进行规范处理。

> 利用题名检索时应该注意题名缩写简称法、题名字译法等有所规范的要求。

4. 责任途径

责任途径是依据文献信息责任者的名称特征进行检索的途径。责任者一般指作者、译者、编者等。不仅有个人责任者，还有团队责任者。许多检索工具或检索系统对这些类型的责任者，都按其名称字顺编制相应的目录或索引。例如，图书馆的著者目录，检索工具或检索系统中的著者索引、机构索引、专利人索引等。

责任者检索途径可以查询到同一著者、同一机构发表的所有文献信息，但应该注意不同国家姓名的写法和用法。在一些检索刊物或检索系统中，经常提供责任者途径作为分类途径和主题途径的补充和配合。

5. 引文途径

引文途径是根据文献所附参考文献或引用文献的特征进行检索的途径。每位论文作者在写作过程中一般都要参考其他一些文章，或作为理论依据，或作为比较对象，或取其数据，等等。文献之间的相互利用，体现了科研人员的相互交流，也在一定程度上表现了有关文献在内容上的联系。利用引文途径进行检索，一是依据某一论文后的参考文献或引用文献不断地追溯检索旧文献；二是利用引文索引循环途径检索相关文献。所谓引文索引，就是从被引论文去检索引用论文的索引。引文索引多用于新兴学科、交叉学科及其他复杂研究课题的文献信息检索。

当前著名的引文索引是美国文献学家加菲尔德创制、美国费城科学情报所编辑出版的《科学引文索引》（SCI）和《社会科学引文索引》（SSCI）。国内有《中国科学引文索引》和《中文社会科学引文索引》。

此外，还有：文献代码途径，即根据文献信息的序号或代码进行检索的途径；时序途径，即依据时间顺序（如年、月、日）线索来进行文献信息检索的途径；地序途径，即按照自然区域或行政区划的顺序来进行检索文献信息的途径。

用户在进行信息检索时，一定要掌握常用的检索工具和检索系统，熟练地使用常用的检索方法和检索技巧，制定正确的检索策略以达到一定的查准率和查全率。在本书以后的章节里将具体介绍一些常用的检索工具、检索系统及其使用方法和技巧。

第四节 信息素养

一、信息环境

关于我们今天所处的时代，有人称为"信息社会"，有人称为"后工业社会"等。其中，"信息社会"（information societies）的概念已为大多数人所认同，已成为一个描述当今时代特征的关键词。1982年，美国《时代》杂志把个人计算机（Personal Computer）破例地选为当年的"风云人物（the man of the year）"，显示了现代信息技术和信息行为广泛社会化的极大影响力。因特网（Internet）打开了"通向世界的窗户"，以使世界各地的人们相互传送问题，讨论问题，组织会议，查询功用数据，阅读电子报刊，还可以玩电子游戏。"信息高速公路"能够使"信息从一个地方几乎不受任何限制地传送到另一个地方"，带来了社会的全面变化——城市和农村的差别缩小，体力劳动和脑力劳动的差别缩小，经济结构和社会结构的重新调整，教育体制的扩展性变革，家庭社会功能的角色更易，国际广泛协作的频率加快，所有这一切都已逐步成为现实，它们都根源于信息已经渗透到社会的各个层面，并且发挥出应有的作用。众多的信息网络和信息装置普及率的大幅度提高，现代化信息技术"飞入寻常百姓家"，使得信息流程大大缩短，地球正从"多种声音，一个世界"真正成为"地球村落"。

美国未来学家阿尔温·托夫勒在《第三次浪潮》（1980年）中，把第二次浪潮即工业化社会的特征归纳为规格化、专业化、同步化、集中化、"好大狂"和集权化这6个相互联系的方面，而第三次浪潮即信息化社会具有与之相反的特征，包括：① 多样化。工业化社会讲究规格化、品种少且大批量生产，要求人们受同样的教育并具有相同的价值观；而在信息化社会，借助计算机等可实现多品种小批量的生产方式，从而提供了多种产品和服务，以满足不同的价值观要求。人们可以接受多种教育，具有不同的价值观。② 综合化。工业化社会中所有工作都有细微的分工，实行高度的专业化；而信息化社会中借助计算机等可实现系统化和综合化。③ 非同步化。工业化社会要求人们的工作时间同步化；而信息化社会可以通过计算机把全部工作调整、综合起来，实现弹性工作制。④ 分散化。工业化社会实行集中化原则，而信息化社会则可采用综合现场需求，实行分散处理，然后根据需要再集中的原则。⑤ 最优化。工业化社会追求大规模，企业都以最大限度获取利益为目标，这种"大规模化"也可称为"好大狂"；而在信息化社会中，要求企业对社会股东、从业人员和顾客等各方面都有最优化的关系。⑥ 分权化。工业化社会导致中央集权，在企业内部是向大企业的集权化发展；而信息化社会则有利于权力的分散。

美国经济学家和未来学家奈斯比特（T. Naisbitt）在《大趋势——改变人们生活的10个新方向》（1982年）一书中指出，所说的"后工业社会"就是信息化社会。信息化社会始于1956年和1957年，其理由是：1956年，美国历史上第一次出现了从事技术、管理和事务工作的白领工人的数量超过了蓝领工人。正处于鼎盛年代的美国工业社会将要让位给一个新的社会，在这个新的社会里，有史以来第一次，大多数人要处理信息，而不是制造产品。1957年，前苏联发射了第一颗人造地球卫星，这是正在成长中的信息化社会不可缺少的技术催化剂，信息技术也从此步入了全球化的卫星通信时代。他概括了信息社会的4个特征：起决定作用的生产要素不是资本，而是信息知识；价值的增长不再通过劳动，而是通过知识；人们注意和关心的不是过去和现在，而是将来；信息社会是诉讼密集的社会。奈斯比特预测信息化社会将有以下一些主要变化：知识和信息是主要的资源和财富；从农民到工人再到职员是职业发展史的必然趋势；信息业的增长是经济增长的主要因素；技术的发展从强迫性技术向高技术和与高情感相平衡的方向发展；信息流动时间的加快已经使全球信息化到来；人们的生活习惯和生活方式由农业社会的向过去看、工业社会的注重现在发展到信息化社会的向未来学习等。

英国学者马丁在《信息社会》（1988年）一书中，将信息社会定义为："是一个生活质量、社会变化和经济发展越来越多地依赖于信息资源的开发和利用的社会。在这个社会里，人类生活的标准、工作与休闲的方式、教育系统和市场都明显地受信息和知识进步的影响"。进而总结了信息社会的5条标准：① 技术标准：信息技术必须是这个社会的关键性能动力量。② 社会标准：信息必须保证提高人们的生活质量，整个社会要有广泛而强烈的信息意识。③ 经济标准：信息必须成为经济活动中的关键性因素，既是一种资源、服务活动和流通的商品，也是就业和增值的源泉。④ 政治标准：信息能够增进民主和自由，加强人们的各种参与和妥协。⑤ 文化标准：信息具有文化价值。

在全球化的背景下，中国作为一个发展中国家，其社会发展形态是比较复杂的，不仅有工业社会的特征，同时被裹挟进入了信息社会。所谓信息社会，即"信息成为与物质和能源同等重要甚至比之更加重要的资源，整个社会的政治、经济和文化以信息为核心价值而得到发展的社会"。相对于传统社会的信息环境来说，如今人类所面对的主要问题不是信息知识的匮乏和停滞，而是信息总量的无限膨胀。阿尔温·托夫勒在《第三次浪潮》一书中形象地描述了人们所接受的信息形象的变化及其对人的冲击："一枚信息炸弹正在我们中间爆炸，这是一枚形象的榴霰弹，像倾盆大雨向我们袭来，急剧地改变我们每个人内心世界据以感觉和行动的方式。在从第二次浪潮向第三次浪潮信息领域转移的同时，我们也在改变自己的心理……第三次浪潮不仅简单地加速了信息流动，而且还深刻地改变了我们赖以日常行动和处世的信息结构。"

二、信息素养

1. 信息素养的概念

信息素养（Information Literacy）是信息社会的重要概念，是衡量人的信息化的一个重要标志。信息素养与信息社会的发展紧密相连，是一个发展中的概念。一般而言，信息素养是指个人获取信息、利用信息的能力，是信息时代现代人的基本特征之一。它包括利用各种信息工具收集、获取、评价、整理、加工和发布信息的能力。信息素养的基础是收集、获取信息的能力，信息素养的核心是信息加工能力。信息素养是通过人们的生产、生活实践活动和接受信息教育培养而形成的处理信息的综合能力。信息素养作为人们终身学习和知识创新的基础技能，已受到世界各国教育界、信息产业界乃至社会各界的广泛关注。

"信息素养"一词最早出现于1974年，美国信息产业协会主席保罗·泽考斯基（Paul Zurkowski）在向全美图书馆与情报科学委员会提交的一份报告中明确提出了信息素养的概念，并将其定义为"利用大量的信息工具及主要信息源使问题得到解答的技术和技能"。

1989年，美国图书馆协会在一份《关于信息素养的总结报告》中，将信息素养界定为针对信息的四种能力：确认、评估、查询、使用。并指出："具备较高信息素养的人，是一个有能力觉察信息需求的时机并且有能力检索、评价以及高效地利用所需信息的人，是一个知道如何学习的人。他们知道如何学习的原因在于他们掌握了知识组织机理，知道如何发现信息以及利用信息，他们是有能力成为终身学习的人，是有能力为所有的任务与决策提供信息支持的人。"

1996年12月，美国学院和学校协会南部学院委员会将信息素质定义为："具有确定、评价和利用信息，成为独立的终身学习者的能力。"

1998年，美国图书馆协会和教育传播与技术协会在其出版的《信息力量·创造学习的伙伴》一书中提出，具有信息素质的学生必须具有的能力是：能够有效地、高效地获取信息；能够熟练地、批判地评价信息；能够精确地、创造地使用信息。书中还具体地制定了学生的信息素养标准，主要表现为下述9种信息能力：① 运用信息工具的能力：熟练运用各种信息采集工具、编译工具、发送工具、存储工具获取所需的信息。② 获取信息的能力：能够有效地、高效地获取信息；能够熟练地、批判性地评价信息；能够根据自己的学习目标主动地、多途径地收集各种学习资料与信息；能够熟练阅读、访问、讨论、参观、实验、资料检索、视听感知等获取信息的方法。③ 处理信息的能力：包括鉴别、筛选、分析、综合、概括、记忆、表达信息的能力。④ 生成信息的能力：能用恰当的符号把对自己和他人有用的信息进行译码、编码与改造，生成简洁、流畅、鲜明、易用信息的能力。⑤ 创造信息的能力：能探求与个人兴趣有关的信息，并能欣赏作品和其他对信息进行创造性表达的内容，善于运用创造性思维、灵感思维与发散思维方法，通过分析，发现与创造新的信息。⑥发挥信息作用的能力：善于运用外界信息改进学习方法、调整学习计划、扩充知识容量，能最大限度地发挥出所发现和占有的信息的教育效益与社会效益。⑦信息协作意识与能力：能够利用各种信息协作途径和工具开展广泛的信息协作，能与外界建立经常的、融洽的、多维的信息协作关系，并能积极通过各种活动创建信息协作。⑧信息免疫能力：能树立正确的人生观、价值观，能够自觉清除信息垃圾，避开有害信息，抵制不良信息的侵蚀和干扰。⑨信息行为能力：自觉遵循围绕信息的所有活动过程中所涉及的相关法律和伦理道德，并能认真执行符合相关法律与伦理道德的行为。

在美国大学研究图书馆协会批准的《高等教育信息素质能力标准》中，指出了具有信息素养教育的学生必须符合以下5个标准：①确定信息需要的范畴；②有效地索取所需信息；③鉴别信息质量及其来源，并将所选择的信息融入自己的知识和价值系统；④有效地利用所获信息完成某一具体任务；⑤了解信息使用的经济、法律和社会等问题并能合理、合法地获取并利用信息。目前，《高等教育信息素质能力标准》已在美国和墨西哥、西班牙、澳大利亚、欧洲、南非等国家和地区得到广泛应用。

2015年2月，美国大学与研究图书馆协会（ACRL）正式批准通过了《高等教育信息素养框架》(Framework for Information Literacy for Higher Education，以下简称《框架》)，2000年制定《高等教育信息素养能力标准》更新文件。《框架》特意使用了"framework"一词，因为它是基于一个互相关联的核心概念的集合，可供灵活选择实施，而不是一套标准，或者是一些学习成果或既定技能的列举。《框架》的核心是一些概念性认识，它们将许多信息、研究和学术方面的相关概念和理念融汇成一个连贯的整体。《框架》按6个框架要素编排，每一个要素都包括一个信息素养的核心概念、一组知识技能以及一组行为方式。代表这些要素的6个概念按其英文字母顺序排列如下：[1]

①权威的构建性与情境性（authority is constructed and contextual）
②信息创建的过程性（information creation as a process）
③信息的价值属性（information has value）
④探究式研究（research as inquiry）
⑤学术研究的对话性（scholarship as conversation）
⑥检索的战略探索性（searching as strategic exploration）

2. 信息素养的内涵

信息素养是一种跨科学和人文素质的综合素质，是一种个人能力素养，同时又是一种个人基本素养。一般而言，信息素养由信息意识、信息能力、信息道德三个方面的内容构成。其具体表现为对信息源内容的了解程度，通过信息解决问题的基本意愿，信息获取方法的掌握程度，知道在何时、

---

[1] 韩丽风等.高等教育信息素养框架[J].大学图书馆数据.2015，33（6）：118-126.

通过何种信息源、如何解决相关问题，具备评价和分析信息的能力，具有良好的信息道德，合理、合法地利用信息的意识等。其中，信息意识是前提，信息能力是保证，信息道德是准则。

（1）信息意识

信息意识是人们对信息的感知和需求的主观反映，一般包括对信息的感知程度、对信息的情感、信息行为的实施倾向三个方面。信息感知是人们对信息、信息环境和信息活动的了解，以及对信息知识的掌握和评价；信息情感是指人们在社会实践和信息活动中逐渐形成的对信息的某种持久地、稳定地反映信息本质需求关系的内心体验；信息行为倾向是指人们在信息行为中表现出来的行为趋势，是信息行为的心理准备状态，是驱使人们采取信息行为的动力。信息意识的强弱表现为对信息的感受力的大小，并直接影响到信息主体的信息行为与行为效果。信息意识强的人，必然思想上高度重视信息的获取与利用，善于随时从浩如烟海的信息中找寻对自己有用的信息，因而往往能够占得先机，获得优势；信息意识淡薄的人，忽视信息的获取与利用，常使成功的机会与自己擦肩而过，导致错失良机而陷入被动。同时，信息意识还表现为对信息的持久注意力，对信息价值的判断力和洞察力。信息意识强的人能在错综复杂、混乱无序的众多信息表象中，去粗取精、去伪存真，识别、选择、利用正确的信息。

（2）信息能力

在人类对信息的接受、理解、分析、处理等过程中，不同个体间会出现不同的差异，这是由于个人信息能力不同而产生的。一般而言，信息能力可以概括为信息获取能力、信息理解能力、信息处理能力以及信息传播能力等几个方面：

① 信息获取能力。在信息社会中，信息资源的存在方式多样，有以综合信息资源库方式存在的，有以专题信息资源数据库形式存在的，信息搜索、查询系统层出不穷，方式各异。充分了解信息资源库的内容，熟练使用与操作信息检索系统已经成为人们工作与生活中最普通的事情之一。因此，信息资源的利用能力是信息能力的基础。可以说，信息素养中最基本的要求，就是信息资源的获取能力。信息资源获取能力所涵盖的范围十分广泛，包括对信息资源库内容的认识程度，正确使用其检索平台，分析、处理检索结果等。

② 信息理解能力。利用信息首先要理解信息。面对信息资源中的大量信息，充分地认识与理解其内容是利用信息的重要前提。信息理解能力通常包括信息识别与认识能力及对信息的评价判断能力。信息识别与认识能力包括：能够正确无误地识别与理解所遇到的信息的含义，知道它们反映了什么客观规律与现象。对信息的评价判断能力即正确地判断与估计所查找到的信息的价值，利用统计分析等手段，对所得到的数据与信息进行统计分析的能力，从而对信息的意义与可靠性产生整体性认识。

③ 信息处理能力。人们利用信息的根本目的是将所得到的信息为己所

用，而通常所得到的信息都是其他人的研究成果或者是没有经过加工、分析的数据，信息处理能力就是能够分析、加工已获得的信息，并将其转化为自己能够利用的信息的能力。信息处理能力通常可以概括为以下几个方面：A. 信息分类能力。能对各种各样的信息进行综合分析，根据自身需要进行分类，充分了解各种信息的组织方式，能够以方便的形式排列次序，以便存取、处理。B. 信息重组能力。能够对所得到的信息按照需要重新进行组合，了解这些信息是否正确地反映了自然与社会现实，它们的时效性如何；避免传播谬误的、过时的信息。C. 信息选择能力。能够在广阔的信息资源海洋中选择适合于自己需要的信息。

④ 信息传播能力。信息通过传播才能发挥更大的作用。信息传播能力是利用各种信息传播工具与手段开展信息传输、扩散活动的能力。在信息传播活动中，要注意遵守知识产权保护的相关法律，保护知识产权人的合法权益。

（3）信息道德

信息道德是指人们在信息行为实施过程中必须要遵守的政策、法律、法规和伦理道德。在知识经济时代，知识产权保护是促进社会科技、文化事业发展的重要法律措施。通过信息获益的人们，更应将信息安全与道德作为利用信息资源过程中必须遵守的行为准则和道德规范。信息安全与道德具体包括：信息行为人必须在充分了解利用信息与信息技术的相关适用的政策、法律、法规和伦理道德的基础上，在存取、使用信息资源时遵守政策、法律、法规，遵守信息资源提供机构的规定以及约定俗成的一些规则，要充分树立知识产权意识，充分注意合理利用信息及其相关产品。

三、大学生信息素养教育

1. 目的阐述

在信息社会中，一个人如果不具备良好的信息素养、没有掌握现代信息技术的基础知识和基本技能，就会成为"信息盲"。信息盲是信息社会的一种功能性文盲，即使一个人满腹经纶，但如果他是信息盲，那么他就不能有效地进行信息交流，在信息社会中将举步维艰。他不但会在学习、工作、生活上遇到很大的困难，而且在日益激烈的社会竞争中必将处于极为不利的境地，甚至被排除在主流社会之外。而信息素养教育能使我们具有一定的主观能动性和驾驭现代信息技术的能力，了解现代信息技术及其信息的意义，学会利用网络等媒介来满足需求，学会利用现代信息工具来帮助发展。可见，信息素养教育最重要、最根本的目的，是使我们在信息社会中成为信息的主人，而不是信息的奴隶，使我们在现代信息化环境中学会生存、学会学习、学会创造。

信息素养对于现代大学生教育尤为重要。中国的高等教育法则明确要求大学生要具备信息素养。信息素养教育，不仅仅是培养大学生对现代知识的检索技能，重要的是培养大学生对现代信息环境的理解能力、应变能力，以及运用信息的自觉性、主动性、独立性、合理性和合法性。主要表现为：

（1）信息素养是国际化人才的必备素质

21世纪需要的人才是面向世界的"国际人"，应具有较强的创新能力和信息交流能力，要有国际化意识、胸怀，掌握国际一流的先进知识，通晓国际经济"游戏规则"，具备跨文化操作能力和世界眼光，具有国际化视野等，这种人才能在全球化竞争背景中立于不败之地。而要达到这些素质的前提条件，必须具备有较强的获取信息的能力，否则，要成为一名国际化人才就是空谈。因此，信息素养是大学生成为国际化人才的必要素质。

（2）信息素养是培养大学生科研素养和创新能力的基石

据美国科学基金委员会、凯斯学院研究基金会以及日本国家统计局的初步统计，一名科研人员在一个研究项目中，用在查找和阅读情报资料的时间要占完成该研究课题时间的50.9%，而计划、思考的时间占7.7%，实践和研究的时间占32.1%，编写研究报告的时间占9.3%。由此可见，查阅文献资料是科学研究的重要前提。科研人员要想在他人已经研究的课题基础上进一步提高和创新，那么就需要在别人提供的信息和文献资料的基础上进一步研究，或者给予补充和提高，或者进行反驳、重新立论等，使科研活动走上新的台阶。如果能利用信息检索的方法，充分了解国内和国外、前人和他人对拟探索或研究的问题已做过的工作、已取得的成就、发展动向等信息，就能做到心中有数，防止重复研究，将有限的时间和精力用于创造性的研究中。因此，今天培养学生获取信息的能力，实际上就等于提高了他们未来的科研效率。

（3）信息素养是大学生学习和择业的导航员

信息素养是终身教育的前提条件，无论是在校学习还是走进社会，具备信息素养，就可以成为学习、择业的主体，终身受益。事实是，刚跨入大学校园的学生，如能及时了解自己所热爱的专业领域，了解每个阶段需要学习的内容或学习要求，从事未来的职业和事业需要什么学历、专业知识和能力等，就可以充实自己的学习，从容考虑或确定自己的发展方向及毕业后职业选择等，实现人生目标。

2．主要模式

开展信息素养教育，提高大学生信息检索、获取、评价及利用的意识、能力及相关的道德观念，是培养信息化社会创新人才的先决条件。大学生信息素养教育的主要模式有：

（1）充分利用图书馆收藏的大量文献资料

图书馆是一个学校的文献情报中心，它是搜集、贮藏、传递和发射知识信息的主要场所，是培养学生信息意识的有效途径。有序化的文献资料体系和完整的文献检索系统，可以使学生系统地了解新科学的最新技术成果、研究方向和热点，从而培养他们对新科学技术的广泛兴趣，提高他们对新的情报资料的注意力、观察力，养成他们的信息意识和捕捉信息的能力。

（2）参加信息知识讲座

一般图书馆都会针对不同年级的大学生定期举办各种信息知识、文献学的讲座。例如，对新生介绍图书馆的馆藏情况、使用方法，为高年级和研究生举办专业文献数据库的使用介绍。这些专业的信息讲座，可以帮助大学生学习和掌握文献和信息的基本知识，建立起情报和信息的基本概念，为形成科学的完整的信息意识打下基础。学生进入研究或毕业设计阶段，可参加有关科学研究方法或科技论文写作的讲座。通过这些讲座不仅可以学到科研方法和论文写作方法，而且更重要的是，可以学会在科学研究和论文写作过程中充分利用文献情报信息，养成和提高在今后实际工作中自觉地利用文献情报资料的习惯和能力。

（3）参加文献检索课的学习，注重网络环境下信息能力的培养

文献检索课是提高文献检索能力的一种行之有效的方法。这门课程可以使学生学会如何根据检索课题精练检索概念、制定检索策略，熟悉各种数据库系统的检索指令、方法和步骤，熟悉使用数据库检索、光盘检索、网络信息资源检索等，提高信息交流能力，拓宽获取与利用信息的途径。通过文献检索课的学习，使大学生们在大量的新信息、新情报面前避免出现不知所措的情景，能在较短的时间内检索到自己需要的文献资料，从而为培养学生的信息能力和提高学习质量提供有利条件。

（4）结合专业知识的学习培养信息素养

信息素养不是脱离其他学科而单独培养的，专业学习与培养信息素养这两者是相辅相成的。文献检索课是一门基础的工具课，文献检索的技术和技巧的掌握是一个比较枯燥的过程，但如果把信息意识融合在平时的专业学习活动中，则能收到事半功倍、一举两得的成效。如结合专业学习中的一些小型研究题目，利用文献检索课所学的信息知识自行去探索，到参考书和文献资料库中去找答案，这样，既加深了对专业知识的理解，提高了专业学习的兴趣，同时也形成了对文献检索的认识和体会，使专业学习和信息素养培养进入良性循环。

思考与练习

1. 什么是信息检索？信息检索工具和信息检索系统指的是什么？请举例说明。
2. 有哪些信息资源？如何组织这些信息资源？
3. 什么是检索语言？有哪几种常见的检索语言？
4. 常用的信息检索途径有哪些？
5. 分类语言与分类途径有什么关系？
6. 主题语言与主题途径有什么关系？
7. 什么是信息素养？信息素养包含哪些内容？
8. 大学生如何提高自己的信息素养？

第二章

书目信息检索及资源发现

第一节 书目的基本概念

一、书目的定义

1. 目录的定义

《现代汉语词典》(第7版)将"目录"一词释义为:① 按一定次序开列出来以供查考的事物名目。② 书刊上列出的篇章名目(多放在正文前)。

"目录"一词在我国出现很早,《七略》记载:"《尚书》有青丝编目录",这里是指一书的目录,即《现代汉语词典》中的第二个释义。《汉书·叙传》所载:"刘向司籍,九流以别。爱著目录,略叙洪烈。"这里是指群书的目录,可以归于《现代汉语词典》中的第一个释义。在我国古代,目录的概念与书是分不开的。如今,目录的概念得到了扩展,不专指书,任何事物的名目都可以称为目录。

在国外,英语中具有目录含义的有 bibliography、catalogue、contents、list 等。

> bibliography、catalogue 一般特指书目,而其他物品的目录只能用 list。

2. 书目的定义

《现代汉语词典》(第7版)将"书目"一词释义为图书的目录。这一解释说明,现代汉语中的书目相当于古代的目录。书目是一批相关文献的著录,并按一定次序编排组织而成的揭示和报导文献,可用于检索文献的工具。

二、书目的类型

书目的类型可以根据文献内容、书目职能、使用对象、载体形态等依据来划分，几种常见的分类如下：

① 按照书目收录文献的内容，可分为综合书目、专题专科书目、个人专述书目、地方文献书目等。

② 按照书目的编制目的和社会职能，可分为国家书目、出版发行书目、读书书目、专题专科书目等。

③ 按照文献出版时间与书目编制时间的关系，可分为现行书目、回溯书目、预告书目等。

④ 按照书目的编排方式，可分为字顺目录、分类目录等。

⑤ 按照书目的载体形态，可分为卡片式书目、书本式书目、缩微书目、机读书目等。

三、书目的特征

通过理解书目的定义，归纳出书目具有以下特征：

1．描述性

书目是对文献的形式、内容、载体等特征进行描述，并客观地记录这些特征，例如题名、著者、主题、出版者等。通过书目的描述，文献的基本特征被揭示出来，读者据此做出选择阅读的决定。描述性是书目最基础的特征，也是书目实现其他特征的前提。

2．有序性

书目是按一定次序编排组织而成的。编目工作首先通过对单个文献进行著录，形成揭示文献特征的书目记录，这些内容上独立的书目记录本身是无序的。然后，编目工作需要按一定的次序将无序的书目记录组织起来，形成完整的书目系统。例如，传统图书馆的卡片式书目就是将数万张原本无序的书目卡片，按照题名的字顺、著者的字顺，或者分类号的字顺等次序形成多套书目。

3．可检索性

书目不仅具有客观记录文献特征的功能，还必须具有可检索的功能。书目收录的文献往往数量庞大、种类繁多、形式多样，例如，图书馆的馆藏书目的文献量就可能达到数万，甚至数百万，而且文献的形式有纸质的、磁带的、胶片的、数字的，等等。要从庞大的书目记录中找到某一条或者某几条记录，如果没有检索功能是无法想象的。

书目的可检索性是书目的重要特征。一般情况下，书目能够提供多种多样的检索途径和检索手段。主要的检索途径有题名检索、著者检索、主题检索、分类号检索、丛书名检索、ISBN号检索等。主要的检索手段有布尔逻辑检索、截词检索、组配检索、加权检索等。综合运用不同的检索途径和检索手段,就可以从庞大的书目中准确找到需要的记录。随着计算机技术、数据库技术的广泛应用,书目的可检索性得到了充分的发展。更多的文献特征可以作为检索途径,各种书目检索系统(OPAC)提供的高级检索、专家检索系统整合了不同的检索手段。

4.规范性

编目是一项复杂的工作,往往由许多人合作完成,这就需要制定一些标准来规范编目工作,减少主观因素,实现客观记录文献特征。文献的特征也是复杂多样的,应该著录哪些文献特征以及如何著录,也需要有一定的参照标准,否则无法很好揭示文献特征。

现代的书目,为了更好地实现资源共享,以及计算机处理、网络传输,对规范性的要求更高。目前,国际性的文献信息服务机构制定了相应的国际标准,例如,《国际标准书目著录》(ISBD)、《国际机读目录通讯格式》(UNIMRC)等;国家性的文献信息服务机构也参照国际标准分别制定了本国的标准,例如我国的《文献著录总则》、《中国机读目录通讯格式》(CNMARC)等。

5.其他

书目还具有一些其他的特征,例如:

① 指导性:典型的有专业参考书目、专题书目、导读书目等;

② 学术性:书目以及书目的编制过程很强调科学性,要综合运用系统的观念、各学科的知识,以及图书馆学的知识。

四、书目的内容

书目是一批相关文献著录的集合。所谓著录,是指在编制书目时对具体文献形式特征、内容特征及物质形态进行分析、选择和记录的过程。对某一具体文献进行著录形成一条记录或款目。一条记录或款目是一种文献的高度概括和浓缩。对记录或款目按照一定的次序进行编排形成书目,所以记录或款目是书目的基本单元。

书目的内容主要指记录或款目的内容。例如,《中国机读目录格式》(CNMARC)共分10个功能模块对文献进行著录,每个模块下又划分若干字段,见表2-1。

表2-1 《中国机读目录格式》的模块和字段

功能块	功能块名称	字段举例(不完全举例)
0XX	标识块	001 记录标识号 091 统一书刊号 010 ISBN
1XX	编码信息块	100 通用处理数据 101 作品语种 102 出版或制作国别

续表

功能块	功能块名称	字段举例（不完全举例）
2XX	著录块	200 题名与责任者说明 205 版本说明 207 连续出版物卷期编号
3XX	附注块	300 一般性附注 304 题名与责任说明附注 330 提要文摘或全文
4XX	款目连续块	410 丛编 423 合订或合刊 454 译自
5XX	相关题名块	500 统一题名 510 并列正题名 517 其他题名
6XX	主题分析块	600 个人名称主题 605 题名主题 690 中国图书馆图书分类法分类号
7XX	知识责任块	701 个人第一责任者 702 个人其他责任者 711 团体第一责任者
8XX	国际使用块	801 记录来源
9XX	国内使用块	905 馆藏信息

一条CNMARC记录不可能包含所有的字段，但有5个字段是必不可少的：001、100、101、200、801，称为必备字段，其他字段的取舍视文献的具体情况而定。有的字段在一条CNMARC记录中是不允许重复出现的，称为不可重复字段，例如，010、701等，而有的字段可以重复输入多次，称为可重复字段，例如，300、690等。

下面是一个CNMARC记录的具体实例。通过CNMARC记录可以了解《DreamWeaver 4.0 网页设计》这本书的基本特征。

【记录实例】
《Dreamweaver 4.0 网页设计》（丛书）

```
LDR: 01177cam 2200289 450
001: 01
005: 20020328044631.0
010: $a 7-900635-72-6 $d CNY36.00（含光盘）
099: $a CAL 012001450274
100: $a 20011212d2001 em y0chiy0121 ea
```

```
101:   0 $a chi
102:   $a CN $b 110000
105:   $a a z 000yy
106:   $a r
200:   1 $a Dreamweaver 4.0 网页设计 $9 dreamweaver 4.0 wang ye
       she ji $f 白煜编著
210:   $a 北京 $c 清华大学出版社 $d 2001
215:   $a 286 页 $c 图 $d 26cm $e 光盘 1 片
225:   2 $a 新东方电脑标准培训教材 $i 新东方电脑美术系列丛书
330:   $a 本书对 DreamWeaver 最新的 4.0 版本做了全面的介绍。分
       析 DreamWeaver 在制作图像文本网页，表格网页排版上的强大功能，
       对最新出现的结构视图排版，资源管理器等功能做了详细介绍。
410:   0 $1 2001 $a 新东方电脑标准培训教材
410:   0 $1 2001 $a 新东方电脑美术系列丛书
606:   0 $a 网页制作 $x 软件工具
690:   $a TP393.092 $v 4
701:   0 $a 白煜 $9 bai yu $4 编著
801:   0 $a CN $b BUPT $c 20011212
801:   2 $a CN $b FDU $c 20020405 $d SY
905:   $a 231010 $c TP393.092 /B162 $d TP393.092 $e B162
```

五、馆藏书目的作用

书目的作用主要体现在揭示文献、指导阅读等方面。编制目的不同，侧重也会不同。馆藏目录是揭示、报导、检索一个图书馆或多个图书馆馆藏文献的工具。

书目信息是读者利用图书馆的基本工具，指导读者在庞大的文献信息中找到自己需要的文献。读者通过书目检索不仅可以了解图书馆的馆藏，还可以了解具体文献的基本信息。

传统图书馆卡片式的书目，需要读者手工检索，往往很烦琐；随着信息技术在图书馆的普及和应用，当代图书馆数字化的书目使读者可以通过计算机检索，检索效率得到很大提高。

1．反映馆藏

千百年来，人类的智慧借助文献的记载保存至今，而图书馆正是保存文献的机构，是知识的宝库。通过长期的积累，图书馆拥有不同内容、不同形式、不同版本、不同文种的文献。图书馆按照一定的规则存放文献，并且给每个文献一个地址（索取号）。馆藏书目通过规范的文献著录，揭示了馆藏文献的特征，例如文献内容、形态、馆藏地点、索取号等。读者检索馆藏书目，首先获得所需文献的地址，然后才能够找到所需文献。

馆藏书目不仅能够反映单个文献的特征，更重要的是，能够反映整个图书馆或者多个图书馆的文献特征。通过馆藏书目，可以清楚知道图书馆有多少文献，有些什么文献，以及这些文献分别在哪里。

2．导航作用

读者的需求是多种多样的。很多情况下，读者并不确定自己需要的是某一个或者某几个文献，而是需要某一类文献，例如，某个学科的、某个作者、某个时期的文献等。读者并不是专业的图书馆工作人员，对图书馆馆藏了解不够，检索技巧有限，往往会觉得茫然，不知所措。图书馆通过编制相关的专题书目、导读书目、新书书目等手段，指导读者的阅读行为。随着计算机技术的普及，图书馆在建立文献导航系统方面取得了长足的进步。很多图书馆编制了富有特色的各类书目，这些书目对特定需求的读者起到了很好的导航作用。

3．为资源共享提供支持

任何一个图书馆的馆藏都是有限的，也就是说，没有一个图书馆能够收藏世界上所有的文献。读者需要的文献在某个图书馆可能没有收藏，但在其他的图书馆却有可能收藏。通常情况下，图书馆分布在不同的城市，甚至不同的国家，读者亲自到各个图书馆去查找需要的文献显然是不现实的。虽然目前绝大多数的图书馆都将馆藏书目上传到网络，读者可以通过网络检索馆藏书目，不再需要亲自到图书馆，但是，在网络中漫无目的地进入每个图书馆的馆藏书目系统检索，同样也非常费时费力。为了更好地满足广大读者的需求，图书馆间应该加强合作，实现资源共享。要实现资源共享，首先需要建立反映多个图书馆馆藏的联合书目。读者通过检索联合书目从而获得更多、更全面的文献信息，而且可以清楚地知道哪个图书馆有收藏。所以，图书馆联合书目的建立是图书馆实现资源共享的前提。

思考与练习

一、判断题

1. 书目不仅具有客观记录文献特征的功能，还必须具有可检索的功能。（　　）

2. 馆藏目录检索系统是一种书目的形式。（　　）

3. 图书馆内通过分类号就可以准确定位一本图书。（　　）

二、选择题

1. 按照书目的可供检索的编排方式，可以将书目分为：（　　）。

　　A. 著者字顺目录　　　　　　B. 主题分类目录

　　C. 题名字顺目录　　　　　　D. 卡片式目录

2. 馆藏书目应该具备的基本功能：（　　）。

　　A. 描述图书信息　　　　　　B. 指导读者阅读

　　C. 可供检索　　　　　　　　D. 有序编排

3. 现代图书馆的馆藏目录系统除了书目的功能，一般还可以（　　）。
　　A. 续借图书　　　　　　　　B. 新书推荐
　　C. 预约图书　　　　　　　　D. 查看个人借书记录

三、填空题

1. CNMARC 的中文名称：_____；英文全称：_____。
2. ISBN 的中文名称：_____；英文全称：_____。
3. 馆藏目录检索系统一般提供的检索途径（检索字段）包括_____、_____、_____、_____等。（举例4种）

第二节　馆藏书目与资源发现

一、资源发现系统概述

现代图书馆不仅拥有大量印刷型资源和电子资源，而且越来越多的电子资源由不同的数据库商通过各自的服务系统，提供给图书馆用户，通过网络访问和使用。这些电子资源不再像馆藏的书刊一样，由某个图书馆或者图书馆组织来统一编目；这些电子资源的检索和利用也不再像传统的馆藏目录或联合书目一样，由某个图书馆或者图书馆组织来统一开发检索系统。

尽管图书馆界引进的联邦搜索、统一认证和链接解析系统在一定程度上改善了不同数据库的资源整合揭示，但资源发现依然困难，没有针对所有馆藏形成完整的服务体系。图书馆迫切需要向用户提供能够消除资源之间的各种障碍，有助于揭示所有馆藏资源的统一发现系统。资源发现系统（resource discovery system）应运而生[①]。

资源发现系统事先为图书馆众多的本地和远程资源建立了一个集中索引仓储，用户通过单一检索框检索这个仓储以实现资源的一站式检索，并且这些系统还会对检索结果进行有效的组织和揭示，以帮助用户发现最合适的资源。

二、资源发现系统的功能特点

1. 统一检索平台

使用统一界面上的单一或多个检索框，用户不必在各个数据库系统之间跳转，不必花费很大的精力去学习和掌握各个数据库系统的使用方法。目前多数图书馆的资源发现系统可以实现对图书馆纸本资源和电子资源的整合，能够同时检索图书馆各种类型的资源，甚至包括那些没有被图书馆订购但被中心索引覆盖的其他资源，如开放获取资源。

---

① 陈定权，卢玉红，杨敏. 图书馆资源发现系统的现状与趋势［J］. 图书情报工作，2012，07：44-48.

2. 改善用户检索体验

图书馆用户的检索体验主要体现在检索速度与结果显示两方面。由于资源发现系统是基于格式统一、结构清晰的元数据中心索引进行的检索，因此检索速度可以达到秒级，甚至毫秒级。其检索结果可进行不同版本、不同媒介形式的聚类显示，可进行相关性排序、按时间排序等。在命中结果较多时，能够分面检索，同时，检索结果能够提供详细的书目信息和实时馆藏信息。

3. 原文链接与获取

目前的资源发现系统都集成了原文获取链接功能，可以实现对全文的链接与获取，可以实现对图书馆书目系统（OPAC）、全文数据库、文摘和引文数据库，乃至原文传递、参考咨询、馆际互借等服务的集成。

4. 交互功能及移动服务的支持

统一资源发现系统的 Web 2.0 交互功能有效地提升了用户体验。例如，对检索结果提供内容敏感的特定资源推荐或者补充结果集的资源推荐；允许用户对检索结果创建标签、评分、发表评论等；提供可视化的标签云图；混搭维基（Wiki）词条、图书封面、网摘、目次和读者评论；支持移动服务。系统的全部内容都可以通过移动终端有效检索，有效地解决了某些内容在移动检索终端检索时被排除在检索结果集以外的问题[①]。

思考与练习

一、判断题

1. 资源发现系统只能用于揭示图书馆的电子资源。（ ）
2. 上海图书馆的资源发现系统名称为"望道溯源"。（ ）
3. 资源发现系统的实质也是一种文献目录。（ ）

二、选择题

1. 资源发现系统可以实现的功能：（ ）。
   A. 统一检索平台　　　　　　B. 检索结果的聚类显示
   C. 电子资源链接到原文　　　D. 个性化用户体验
2. 资源发现系统可以用来检索（ ）。
   A. 馆藏书刊　　　　　　　　B. 电子期刊
   C. 学位论文　　　　　　　　D. 报纸
   E. 多媒体资源

三、填空题

1. 国内应用较多的资源发现系统产品包括_____、_____、_____等。（举例3种）

2. 国家图书馆的资源发现系统可提供的检索结果排序方式包括_____、_____、_____等。（举例3种）

3. 复旦大学图书馆的资源发现系统的名称是_____。

---

① 包凌，蒋颖.图书馆统一资源发现系统的比较研究［J］.情报资料工作，2012，05：67—72.

第三节 国家图书馆书目检索系统介绍

一、国家图书馆简介

国家图书馆历史悠久,其前身是筹建于1909年9月9日的京师图书馆。新中国成立后,更名为北京图书馆。1998年12月12日经国务院批准,北京图书馆更名为国家图书馆,对外称中国国家图书馆。

国家图书馆是中国国家总书库,国家书目中心,国家古籍保护中心,国家典籍博物馆。国家图书馆馆藏宏富,品类齐全,古今中外,集精撷萃。馆藏文献超过3500万册件并以每年百万册件的速度增长。

二、国家图书馆馆藏目录检索系统

（1）连接方式

连接国家图书馆主页（http://www.nlc.cn）。首页的检索框默认检索范围"文津搜索"。"文津搜索"是国家图书馆的资源发现系统,如图2-3-1所示。该检索平台整合了国家图书馆的各种类型文献资源。

图2-3-1 国家图书馆"文津搜索"检索平台

如果只是想检索国家图书馆的馆藏书目信息,可以选中"馆藏目录",在该检索平台直接检索,也可以点击页面右侧的"馆藏目录检索",进入国家图书馆书目目录检索系统。

办理了国家图书馆读者卡的用户，可以通过读者卡号和密码登录系统，在网上对国家图书馆的图书进行预约、续借等个性化操作。

（2）检索方式

点击"馆藏目录"进入馆藏目录检索系统首页。系统默认为"基本检索"。国家图书馆馆藏目录检索系统提供基本检索、多库检索、组合检索、通用命令语言检索、浏览查询等多种检索方式。在此仅介绍常用的两种方式：基本检索和组合检索。

① 基本检索。如图2-3-2所示，基本检索是馆藏目录检索系统的主要检索方式之一，即选择单一检索字段，输入检索词检索馆藏目录。可选择的检索字段包括题名、著者、主题词、中图分类号、出版年、ISBN等共计20项。

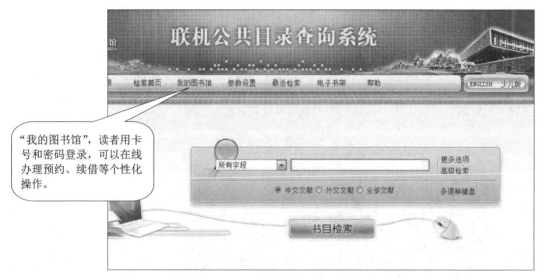

"我的图书馆"，读者用卡号和密码登录，可以在线办理预约、续借等个性化操作。

图2-3-2　国家图书馆馆藏目录检索系统首页（基本检索）

【检索实例】查找国家图书馆是否有小说《苏菲的世界》（中文译本），是否能够外借？

【检索步骤】第一步：选择检索字段"正题名"；

第二步：输入检索词"苏菲的世界"；

第三步：选择数据库"中文文献"；

第四步：点击"书目检索"。

【检索结果】如图2-3-3所示。检索结果中的相关记录，说明有不同版本的该书。馆藏地显示了该书不同版本在国家图书馆的具体位置和借阅情况。不同的馆藏地借阅规则不同，有些只能在阅览室阅览，有些可以外借。该书可以提供外借的馆藏地为"中文图书借阅区"。

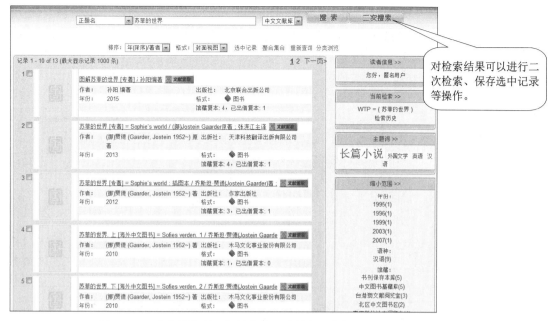

图2-3-3 《苏菲的世界》检索结果（基本检索）

点击某一条书目信息，获取可外借复本的详细信息，如图2-3-4所示，决定当前是否有能外借的复本。当前（2016年1月27日）该书在中文图书借阅区、北区中文图书区各有一本，中文图书借阅区一本已经被预约，北区中文图书区的一本在架上，所以该书当前没有可外借的复本。读者可以点击"预约请求"进行预约排队，也可以去北区中文图书区阅览。

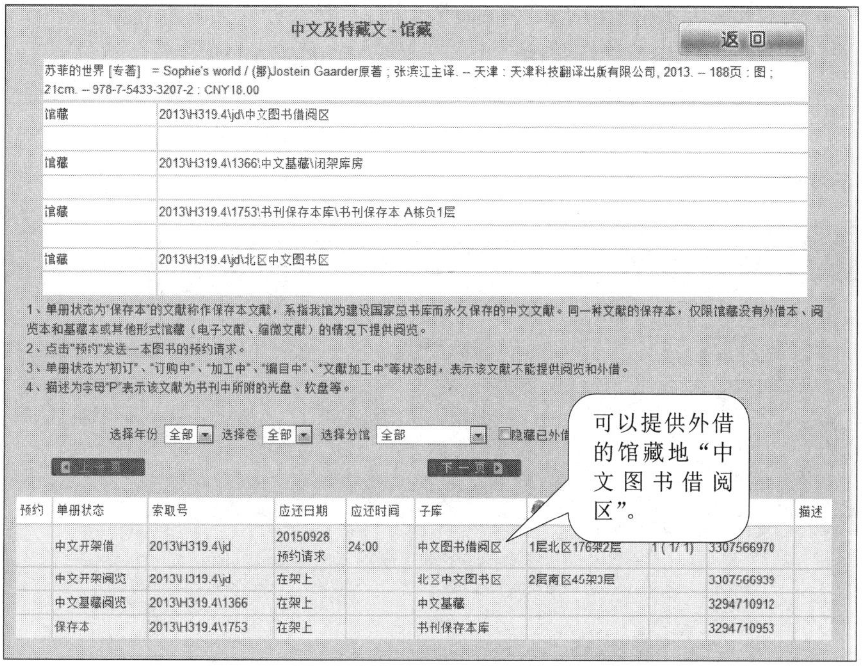

图2-3-4 《苏菲的世界》的详细馆藏地、外借信息（2016年1月27日）

② 高级检索。高级检索包括多字段检索、多库检索、组合检索、通用命令语言检索、浏览、分类检索。读者常用的有多字段检索与组合检索，如图2-3-5所示。

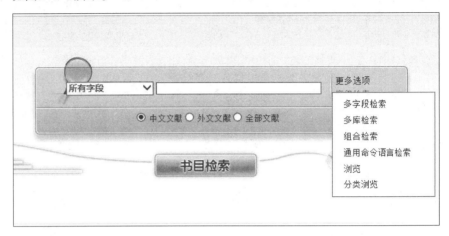

图2-3-5　国家图书馆馆藏目录检索系统（组合检索）

例如，组合检索是为满足读者同时提出多项检索限定而设计，最多可同时选择3项检索字段进行组合。

【检索实例】查找我国著名经济学家吴敬琏先生近10年的有关经济方面的图书。

【检索步骤】第一步：选择检索字段"著者"，输入"吴敬琏"，词临近选择"是"；

第二步：选择检索字段"主题词"，输入"经济"，词临近选择"是"；

第三步：检索范围限定中，出版年限定"2005-2015"；

第四步：点击【确定】。

【检索结果】如图2-3-6所示。检索命中记录数"55"。点击"55"，显示具体书目信息，如图2-3-7所示。

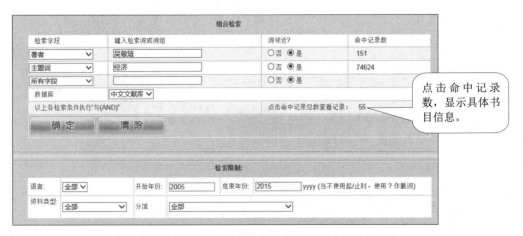

图2-3-6　吴敬琏先生近10年的有关经济方面的图书（组合检索）

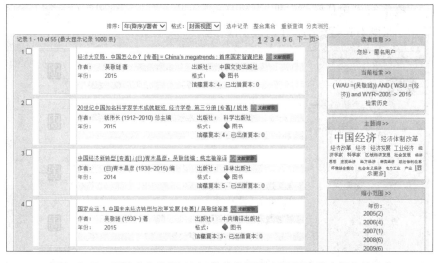

图2-3-7　吴敬琏先生近10年的有关经济方面的图书（组合检索）

三、国家图书馆"文津搜索"

"文津搜索"是国家图书馆采用的资源发现系统。不同于传动的书目信息检索系统，"文津搜索"可以实现国家图书馆纸本资源和电子资源的整合检索。仍然以"苏菲的世界"为检索词，选择"文津搜索"，如2-3-8所示。

图2-3-8　"文津搜索"检索

检索结果包括图书、期刊、报纸等涉及"苏菲的世界"的文献信息，检索结果既有馆藏图书，也有数据库，如2-3-9所示。

图2-3-9 "文津搜索"检索结果

思考与练习

一、判断题

1. 中国国家图书馆是国家总书库，是国家的书目中心。（　　）
2. 基本检索即通过选择单一检索字段，输入检索词检索馆藏目录。（　　）
3. OPAC的中文全称是计算机检索系统。（　　）

二、选择题

1. 在《中国图书馆分类法》的分类体系结构中，I类代表（　　）。

　　A. 法律　　B. 政治　　C. 经济　　D. 文学

2. 在国家图书馆的馆藏目录里查找高等教育出版社2015年出版的《高等数学》，应该使用的检索方法包括（　　）。

　　A. 基本检索　　　　　B. 分类浏览检索

　　C. 多字段检索　　　　D. 组合检索

　　E. 多库检索

3. 国家图书馆的中文图书的借期是（　　）。

　　A. 14天　　B. 1个月　　C. 2个月　　D. 31天

三、填空题

1. 在国家图书馆的馆藏目录里查找《图书馆学概论》一书，应该属于《中图书馆分类法》_____大类。

2. 在国家图书馆的馆藏目录中查找物流管理方面的图书，试举例3种：

（1）书名：_____，索书号：_____；

（2）书名：_____，索书号：_____；

（3）书名：_____，索书号：_____。

第四节　上海图书馆书目检索系统介绍及使用

一、上海图书馆简介

上海图书馆成立于1952年，上海科学技术情报研究所成立于1958年。1995年10月，上海图书馆与上海科学技术情报研究所合并，成为研究型公共图书馆和综合性行业情报中心，同时也是全国文化信息资源共享工程上海市分中心、上海市中心图书馆总馆、上海市古籍保护中心和上海市软科学研究基地"前沿技术发展研究中心"。

截至2021年底，上海图书馆现藏中外文献5700余万册（件），其中古籍善本、碑帖尺牍、名人手稿、家谱方志、西文珍本、唱片乐谱、近代报刊及专利标准尤具特色。现有建筑面积总计12.7万平方米，拥有各类阅览室、学术活动室、报告厅、展览厅等空间。

二、上海图书馆书目检索系统

1．连接方式

在浏览器地址栏里，输入上海图书馆主页的网址www.library.sh.cn，打开上海图书馆主页。在快速检索框里输入搜索关键字，选择"所有资源"右侧下拉列表中的"馆藏书目"，再单击搜索按钮，可以直接搜索相关书目，如图2-4-1所示。单击左侧"馆藏资源"区域下的"馆藏书目查询（OPAC）"，可以进入馆藏书目查询首页，如图2-4-2所示。

图2-4-1　上海图书馆主页

图2-4-2　馆藏书目查询系统首页

2. 检索方式

上海图书馆馆藏书目查询（OPAC）系统的检索方式包括普通检索、前方一致检索、高级检索等。

（1）普通检索

馆藏书目查询系统默认为普通检索。普通检索是通过选择单一检索途径，输入单一检索词检索图书馆书目。检索步骤是：

第一步：在"馆藏纸本检索"下拉列表中选择检索字段。可选择的检索字段有10个：

题名：文献名称（如书名、期刊名等）。

作者：著者名称。

主题：文献的主题词。

索书号：上海图书馆馆藏图书的号码。

分类号：中图分类号的号码。

ISSN：国际标准连续出版物编号，号码唯一，如ISSN：1007-2179。

ISBN：国际标准书号，号码唯一，如ISBN：978-7-309-12413-2。

出版社：文献出版的单位名称。

出版地：文献出版的所在地址。

丛书名：文献所属丛书名称。

第二步：输入检索词。在"普通检索"右侧空白输入框中输入检索词，只能输入一个检索词。

第三步：单击检索图标执行检索。

利用上海图书馆馆藏书目查询（OPAC）系统"普通检索"方式查询题名为"信息检索与利用"的馆藏书目信息。

在上海图书馆馆藏书目查询系统首页中，选择检索字段为：题名，输入检索词为：信息检索与利用，执行检索后的查询结果如图2-4-3所示。

图2-4-3 普通检索查询结果示例

（2）前方一致检索

前方一致检索是在某一信息集合中，把检索词内容与被检索项内容的前部相一致的信息查找出来的一种检索方式。馆藏书目查询系统中的"普通检索"方式和"前方一致检索"方式的检索步骤相似。

（3）高级检索

首先，单击馆藏书目查询系统首页的"高级检索"按钮，打开高级检索页面，如图2-4-4所示。检索步骤是：

图2-4-4 馆藏书目查询系统（高级检索）

第一步：根据检索需求，在检索词输入框里输入检索词。默认为"所有字段",也可以选择一种字段。提供常用字段为:标题、作者、主题、索书号、ISSN、ISBN、出版社、出版地和丛书名。为了更精准的查询,可以单击"添加搜索字段"进行多个字段的查询,还可以单击"添加检索组"添加检索字段进行多组字段的查询。

第二步:设定检索限制。为了检索结果更精炼、更符合用户的需求。使用者可以在"行政区"下拉列表中选择区域,可以在"所属馆"下拉列表中选择馆藏地点。如不进行限定则默认为全部,即不限行政区、不限定分馆。还可以设定检索出版时间、分类、语言、文献类型等检索限制。

第三步:筛选。在检索结果中可以选择筛选主题,进一步优化检索结果。也可以根据文献类型、作者、出版年、所属馆、借阅类型、语言、中图法等进一步缩小检索范围。

例如,一位家住浦东新区的读者想借一本《信息检索与利用》的书,想通过上海图书馆馆藏书目查询系统检索附件最近的浦东图书馆是否这本书,以及是否能够外借。

在上海图书馆馆藏书目查询系统高级检索页面中,选择检索字段为:标题,输入检索词为:信息检索与利用;"行政区"下拉列表中选择区域:浦东新区;在"所属馆"下拉列表中选择:浦东图书馆,如图2-4-5所示。单击【检索】按钮,执行检索后的查询结果如图2-4-6所示。

图2-4-5 高级检索设置

图2-4-6 检索结果显示

如图2-4-6所示，检索结果有35条相关记录，可以在左侧的"缩小搜索"中进一步缩小检索范围，还可以在"在您的检索结果中筛选相关主题"中进行筛选，也可以在"相关性排序"下拉列表中选择一种排序方法进行排序，提供的排序方法有：作者A-Z、题名A-Z、出版日期降序、出版日期升序。

假设选中一条记录，单击封面链接或书名链接即可进入详细书目，如图2-4-7所示。每条书目都有题名、主要作者、其他责任者、出版社、出版地、出版时间、文献类型、语言、版、主题、载体形态、ISBN、分类、索书号、所属场馆、借阅状态等详细信息。

通过详细书目记录可以获悉该书在浦东新区分馆中文书刊普通外借室有2本提供外借，且借阅状态为"已归还"，说明该书目前可以提供外借。

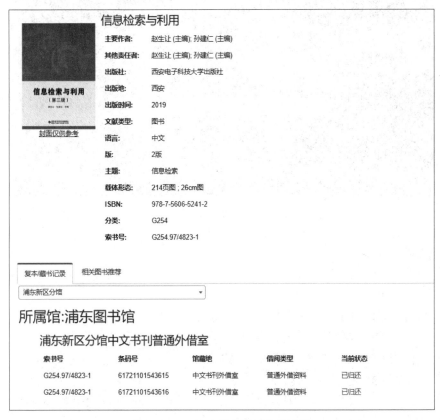

图2-4-7　检索结果详细书目记录

上海图书馆馆藏书目查询（OPAC）系统除了提供常规书目的查询外，还提供"古籍书目"和"家谱书目"的查询。在馆藏书目查询系统首页"特色文献"栏目下列表中可以选择"古籍书目"和"家谱书目"，分别进入相应的查询页面。古籍书目查询页面如图2-4-8所示。家谱书目查询页面如图2-4-9所示。

图2-4-8　古籍书目查询页面

图2-4-9　家谱书目查询页面

思考与练习

一、判断题

1. 上海图书馆与上海各区县馆和街镇服务点实行异地借还服务。（　　）。
2. 在输入英文检索词时，使用通配符"*"可以提高检索效率。（　　）。
3. 上海图书馆普通外借图书的借期是40天。（　　）。

二、选择题

1. 在上海图书馆的馆藏目录中检索以后，可以按（　　）顺序将图书排序。
　　A. 著者　　B. 题名　　C. 出版日期　　D. 出版社
2. 在上海图书馆的馆藏目录中，常用的检索字段包括（　　）。
　　A. 题名　　B. 作者　　C. 主题词　　D. 出版者
3. 持有上海图书馆普通外借功能读者证的读者每次最多可借（　　）册书刊。
　　A. 10　　B. 20　　C. 30　　D. 5

三、填空题

1. 在上海图书馆的馆藏目录里查找《计算机硬件技术基础》一书,应该属于《中国图书馆分类法》_____ 大类。

2. 在上海图书馆的馆藏目录中查找3种不同版本的《红楼梦》,试举例3种:

（1）书名:_____,索书号:_____;

（2）书名:_____,索书号:_____;

（3）书名:_____,索书号:_____。

第五节　多馆联合目录

图书馆的人力、物力是有限的,每个图书馆都不可能收集所有的文献。换言之,没有一个图书馆可以百分之百地满足所有读者的需要。目前,图书馆界已经意识到解决读者需求的无限性和馆藏的有限性的矛盾,唯一有效的方法就是在图书馆间建立合作机制,实现资源共享。实现资源共享的前提就是要建立反映多个图书馆馆藏的联合书目。检索联合书目获得更多、更全面的文献信息,而且可以清楚地知道哪个图书馆有收藏。在此,简单介绍主要的国内和国际联合书目。

一、国内高等学校多馆联合目录——CALIS联合目录

CALIS全称是中国高等教育文献保障系统（China Academic Library & Information System）,是由国家经费支持的中国高校图书馆联盟。CALIS的宗旨是建设以中国高等教育数字图书馆为核心的教育文献联合保障体系,实现信息资源共建、共知、共享,以发挥最大的社会效益和经济效益,为中国的高等教育服务。设在北京大学的CALIS项目管理中心联合各参建单位,建设了文理、工程、农学、医学4个全国文献信息中心,华东北、华东南、华中、华南、西北、西南、东北7个地区中心和一个东北地区国防信息中心,迄今参加CALIS项目建设和获取CALIS服务的成员馆已超过500家。

1．连接方式

① 通过各成员图书馆网站设置链接进入。

② 直接连接CALIS（OPAC）。在浏览器的地址栏中输入"http://opac.calis.edu.cn/simpleSearch.do"。

2．简单检索

CALIS联合目录（OPAC）系统的首页显示如图2-5-1所示,系统默

认为简单检索。可以选择的检索字段有题名、责任者、主题、分类号、ISBN等。

图2-5-1 CALIS联合目录（OPAC）系统的首页（简单检索）

3．高级检索

高级检索页面如图2-5-2所示。

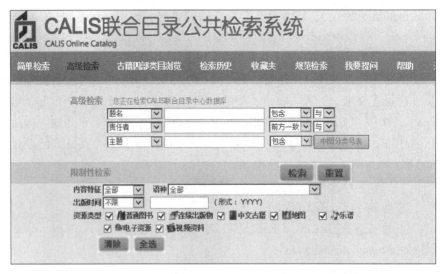

图2-5-2 CALIS联合目录（OPAC）高级检索

【检索举例】查找美国经济学家萨缪尔森著《经济学》一书的英文版。以高级检索为例说明。

【检索步骤】

第一步：选择检索途径。选择责任者“萨缪尔森”，题名“经济学”；

第二步：选择匹配设置，可供选择的设置有“前方一致”“精确匹配”“包含”。选择默认值“前方一致”；

第三步：选择检索词的逻辑关系，可供选择的有“并且”“或者”“非”。选择逻辑关系“并且”；

第四步：选择语种“英语”。

第五步：点击【检索】。

检索结果一共有12条相关记录，如图2-5-3所示。

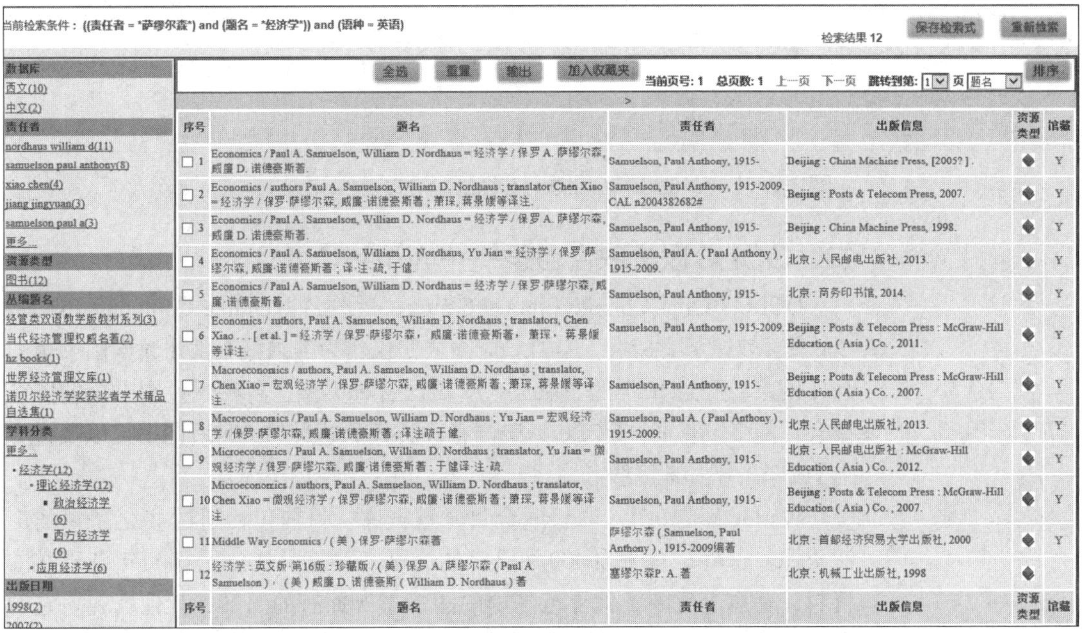

序号	题名	责任者	出版信息	资源类型	馆藏
1	Economics / Paul A. Samuelson, William D. Nordhaus = 经济学 / 保罗 A. 萨缪尔森，威廉 D. 诺德豪斯著.	Samuelson, Paul Anthony, 1915-	Beijing : China Machine Press, [2005?].	◆	Y
2	Economics / authors Paul A. Samuelson, William D. Nordhaus ; translator Chen Xiao = 经济学 / 保罗·萨缪尔森，威廉·诺德豪斯著；萧琛，蒋景媛等译注.	Samuelson, Paul Anthony, 1915-2009. CAL n2004382682#	Beijing : Posts & Telecom Press, 2007.	◆	Y
3	Economics / Paul A. Samuelson, William D. Nordhaus = 经济学 / 保罗 A. 萨缪尔森，威廉 D. 诺德豪斯著.	Samuelson, Paul Anthony, 1915-	Beijing : China Machine Press, 1998.	◆	Y
4	Economics / Paul A. Samuelson, William D. Nordhaus, Yu Jian = 经济学 / 保罗·萨缪尔森，威廉·诺德豪斯著；译·注·疏，于健.	Samuelson, Paul A. (Paul Anthony), 1915-2009.	北京：人民邮电出版社, 2013.	◆	Y
5	Economics / Paul A. Samuelson, William D. Nordhaus = 经济学 / 保罗·萨缪尔森，威廉·诺德豪斯著.	Samuelson, Paul Anthony, 1915-	北京：商务印书馆, 2014.	◆	Y
6	Economics / authors, Paul A. Samuelson, William D. Nordhaus ; translators, Chen Xiao ... [et al.] = 经济学 / 保罗·萨缪尔森，威廉·诺德豪斯著，萧琛，蒋景媛等译注.	Samuelson, Paul Anthony, 1915-2009.	Beijing : Posts & Telecom Press : McGraw-Hill Education (Asia) Co., 2011.	◆	Y
7	Macroeconomics / authors, Paul A. Samuelson, William D. Nordhaus ; translator, Chen Xiao = 宏观经济学 / 保罗·萨缪尔森，威廉·诺德豪斯著；萧琛，蒋景媛等译注.	Samuelson, Paul Anthony, 1915-	Beijing : Posts & Telecom Press : McGraw-Hill Education (Asia) Co., 2007.	◆	Y
8	Macroeconomics / Paul A. Samuelson, William D. Nordhaus ; Yu Jian = 宏观经济学 / 保罗·萨缪尔森，威廉·诺德豪斯著；译注疏于健.	Samuelson, Paul A. (Paul Anthony), 1915-2009.	北京：人民邮电出版社, 2013.	◆	Y
9	Microeconomics / Paul A. Samuelson, William D. Nordhaus ; translator, Yu Jian = 微观经济学 / 保罗·萨缪尔森，威廉·诺德豪斯著：于健译·注·疏.	Samuelson, Paul Anthony, 1915-	北京：人民邮电出版社：McGraw-Hill Education (Asia) Co., 2012.	◆	Y
10	Microeconomics / authors, Paul A. Samuelson, William D. Nordhaus ; translator, Chen Xiao = 微观经济学 / 保罗·萨缪尔森，威廉·诺德豪斯著；萧琛，蒋景媛等译注.	Samuelson, Paul Anthony, 1915-	Beijing : Posts & Telecom Press : McGraw-Hill Education (Asia) Co., 2007.	◆	Y
11	Middle Way Economics / (美) 保罗·萨缪尔森著	萨缪尔森 (Samuelson, Paul Anthony), 1915-2009编著	北京：首都经济贸易大学出版社, 2000	◆	Y
12	经济学：英文版·第16版：珍藏版 / (美) 保罗 A. 萨缪尔森 (Paul A. Samuelson)，(美) 威廉 D. 诺德豪斯 (William D. Nordhaus) 著	塞缪尔森P. A. 著	北京：机械工业出版社, 1998	◆	
序号	题名	责任者	出版信息	资源类型	馆藏

图2-5-3　CALIS联合目录（OPAC）高级检索结果显示（1）

第六步：继续点击具体书目的题名链接，显示该书的具体记录，如图2-5-4所示。

第七步：点击“馆藏信息”显示收藏该文献的图书馆，以及图书馆提供的相应服务。主要的服务有返回式馆际互借和文献传递。返回式馆际互借指通过出借图书的方式获得文献，文献传递指通过提供文献复本的方式获得文献。读者如果需要该文献，可以与CALIS各成员馆专门的服务部门联系。

建议仔细阅读数据库检索帮助。

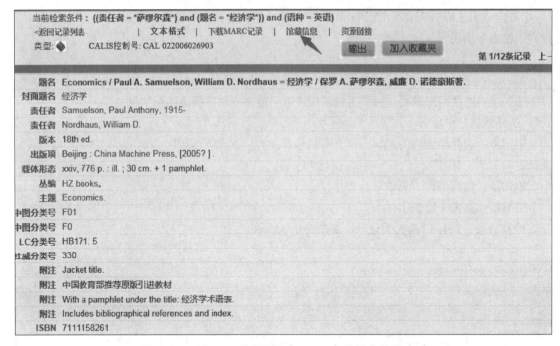

图2-5-4　CALIS联合目录（OPAC）的检索结果（2）

二、OCLC联机联合目录——WorldCat

OCLC（Ohio College Library Center，后改名为Online Computer Library Center）创建于1967年。OCLC成立之初仅作为美国俄亥俄州大学图书馆的合作网络；经过10年的发展成为全美各种类型、各种规模图书馆的国家级合作网络。目前，OCLC为美国各种类型的超过71 000所图书馆以及世界上112个国家和地区服务。

WorldCat是OCLC联机联合目录数据库，目前包括超过40亿条目的广泛资源。这些记录来自400种语言的文献，覆盖了从公元1000年到现在的资料，基本上反映了世界范围内的图书馆所拥有的图书和其他资料。它的主题范畴广泛，并以每年200万条记录的速度增长。该库每天更新。

思考与练习

一、判断题

1. 汇总若干文献机构的馆藏目录而形成的目录是联合目录。（　　）

2. WorldCat是美国地区图书馆的联合目录。（　　）

3. 在CALIS的联合目录中检索到图书后，可以看到有哪些高校图书馆有该书。（　　）

二、选择题

1. 在CALIS的联合目录中，常用的检索字段包括（　　）。

　　A. 题名　　　　　　　　B. 责任者

　　C. 主题　　　　　　　　D. 出版社

2. CALIS的联合目录的书目信息与单个图书馆的书目信息相比，通常会缺少（　　）字段。

  A. 题名　　　　　　B. 责任者

  C. 索书号　　　　　D. 出版社

三、填空题

1. 在CALIS联合目录中查找朱智贤著《儿童心理学》（人民教育出版社，2003），列出哪些图书馆提供馆际互借服务，哪些图书馆提供文献传递服务。各试举例3所学校：

  （1）提供文献传递：_____；

  （2）提供馆际互借：_____。

2. 设在北京大学的CALIS项目管理中心联合各参建单位，建设了____、____、____、____全国文献信息中心。

四、简答题

1. 概述书目的定义。
2. 论述图书馆馆藏书目的作用。
3. 论述资源发现系统的特点。
4. 论述图书馆联合目录的意义。

五、简述操作题

1. 在上海图书馆查找文献，简述查找过程：

  题名:《计算机网络》

  著者：吴企渊

  出版单位：清华大学出版社

  出版日期：2004年

2. 在国家图书馆查找电子商务方面的教材，列举3本，简述查找过程。

3. 在国家图书馆查找文献，简述查找过程：

  题名:《窗外与窗里》

  著者：王安忆

  出版单位：沈阳出版社

  出版日期：2002年

4. 在CALIS联合目录中查找《莫言作品解读》（华东师范大学出版社，2012），列出上海地区有哪些图书馆提供馆际互借服务，并简述查找过程。

第三章 文献数据库及其检索

第一节 中国知网资源总库及其检索

国家知识基础设施（National Knowledge Infrastructure，CNKI）的概念，由世界银行于1998年提出。CNKI工程是以实现全社会知识资源传播共享与增值利用为目标的信息化建设项目，由清华大学、清华同方发起，始建于1999年6月。CNKI工程经过多年努力，采用自主开发并具有国际领先水平的数字图书馆技术，建成了世界上全文信息量规模最大的CNKI数字图书馆，并正式启动建设中国知识资源总库及CNKI网络资源共享平台，通过产业化运作，为全社会知识资源高效共享提供丰富的知识信息资源和知识传播与数字化学习平台，简称知网。

中国知网平台收录的数据库种类众多，满足了各层次、各行业的需求，有学术期刊、学位论文、报纸、学术会议、年鉴、工具书、专利、标准等文献型数据库，有医药、农业、教育、城建、法律等行业知识库。另外，中国知网还和Elsevier、Springer、Taylor & Francis、Wiley等国际出版社合作，在知网平台就可直接检索来自这些出版社的外文文献，但全文需链接到出版社网站查看且需要订购。在知网平台新推出的学术搜索（CNKI SCHOLAR），可以实现中外文文献的统一检索。

一、常用全文数据库简介

1. 中国学术期刊（网络版）

是世界上最大的连续动态更新的中国学术期刊全文数据库，是"十一五"国家重大网络出版工程的子项目，是《国家"十一五"时期文化发展规划纲要》中国家"知识资源数据库"出版工程的重要组成部分。收录期刊以学术、技术、政策指导、高等科普及教育类期刊为主，学科覆盖自然科学、工程技术、农业、哲学、医学、人文社会科学等各个领域。统计至2022年11月，收录国内学术期刊8 490种，全文文献总量5 990余万篇。收录年限自1915年至今，各刊年限不一，部分期刊回溯至创刊。

2. 中国博士学位论文全文数据库

该库收录国内部分高校及研究机构的博士学位论文。学科覆盖基础科学、工程技术、农业、医学、哲学、人文、社会科学等各个领域。收录来自全国"985""211"等重点高校，中国科学院、社会科学院等研究院所520余家培养单位的博士学位论文。统计至2022年11月，收录博士论文50余万篇。收录年限自1984年至今。

3. 中国优秀硕士学位论文全文数据库

该库收录国内部分高校及研究机构的硕士学位论文。学科覆盖基础科学、工程技术、农业、医学、哲学、人文、社会科学等各个领域。重点收录来自"985""211"高校、中国科学院、社会科学院等790余家培养单位的优秀硕士学位论文，以及重要特色学科如通信、军事学、中医药等专业的优秀硕士论文。统计至2022年11月，收录优秀硕士论文530余万篇。收录年限自1984年至今。

4. 国内外重要会议论文全文数据库

该库收录由国内外会议主办单位或论文汇编单位书面授权并推荐出版的重要会议论文。重点收录1999年以来，中国科协系统及国家二级以上的学会、协会，高校、科研院所，政府机关举办的重要会议以及在国内召开的国际会议上发表的文献。其中，国际会议文献占全部文献的20%以上，全国性会议文献超过总量的70%，部分重点会议文献回溯至1953年。统计至2022年11月，已收录出版国内外学术会议论文集4万本，累积文献总量360余万篇。收录年限自1953年至今。

5. 中国重要报纸全文数据库

该库是收录2000年以来中国国内重要报纸刊载的学术性、资料性文献的连续动态更新的数据库，共收录国内公开发行的500多种重要报纸。

6. 中国引文数据库

收录了中国学术期刊（光盘版）电子杂志社出版的所有源数据库产品的参考文献，涉及文献类型有期刊、学位论文、会议论文、图书、专利、标准、报纸等超千万次被引文献。该库通过揭示各种类型文献之间的相互引证关系，不仅可以为科学研究提供新的交流模式，也可以作为科学管理及评价工具。收录年限为1912年至今。

以上各库均分为十大专辑：基础科学、工程科技Ⅰ、工程科技Ⅱ、农业科技、医药卫生科技、哲学与人文科学、社会科学Ⅰ、社会科学Ⅱ、信息科技、经济与管理科学。十专辑下分为168个专题。

7. 中国年鉴网络出版总库

该库资源种类完备、卷册收录完整。在先进的专业检索、知识挖掘、数字化学习与研究等技术支持下，它既能全面展示我国纸质年鉴资源的原貌，又深度开发利用了年鉴中的信息（情报）资源，年鉴按16种条目类型标引，具体条目为总结报告、远景规划、事实类、统计公报、法律法规类、文件、标准、人物、领导讲话、科研论文、大事记、统计图表、图片、机构、作品、其他，完整、客观、系统展示了经济社会发展及各行业发展事实（数据）。全库3 200多种年鉴详备记录了中国（省/市/区县）地域地情，支持快捷检索社会经济事实资料，挖掘利用国情、地情各行业发展信息。统计至2022年12月，收录年鉴5 390种，共4 090余万卷，累积年鉴全文文献21 898 316篇。

二、数据库检索方法

中国知网平台收录数据库数量多、学科全，功能强大，检索便利。平台的功能特性有：① 一框式检索；② 智能输入提示；③ CNKI指数分析；④ 智能检索VS智能排序；⑤ 文献分析；⑥ 订阅推送；⑦ 多次查询结果一次性存盘导出；⑧ 平面式分类导航；⑨ 个性资源分类导航；⑩ 在线阅读；⑪ 组合在线阅读；⑫ 跨平台文献分享。

1. 登录

中国知网平台网址是http://www.cnki.net/，系统提供以下4种使用方式：

（1）个人用户

用户需要登录知网平台，首次使用需注册个人账号，通过购买知网卡或通过银行卡、神州行卡、支付宝、财付通等方式为账户充值，检索、阅读题录文摘免费，下载全文按0.50元/页收费。

（2）包库用户

数据库由所在机构购买，用户在机构IP范围内访问知网平台，知网系统识别用户IP地址自动登录，即可使用机构所订购的数据库。

（3）镜像站点用户

将数据库管理系统和订购的数据库安装在机构的内部网网站上，在限定IP地址范围内，机构用户可以不限次数使用，镜像站网址也不同于上述知网平台网址。适用对象：内部网络环境相对完善，有专职技术维护人员，有充足数据存储设备的机构。

（4）机构年卡

机构卡根据所购买的面额不同，使用期限也不同，面额一万以下有效期一年，面额一万以上有效期两年，到期之前再充值即可将余额延期。机构管理员可开设子用户，并可为子账户分配金额。

所有用户都可以免费检索，免费浏览题录、摘要和知网节。如果需要阅读下载全文，则需按以上方式购买使用权。

2. 检索功能

在中国知网平台的首页，可以选择跨库检索，也可以选择单库检索，还提供各类导航，如图3-1-1所示。

（1）跨库检索

图3-1-1 中国知网资源总库首页

在检索区的"文献"标签下，提供对知网平台期刊、博硕士论文、会议、报纸、年鉴、专利、标准、成果、商业评论等文献数据库的跨库检索，检索字段有主题、篇关摘、关键词、全文、篇名、作者、第一作者、通讯作者、作者单位、基金、摘要、小标题、参考文献、分类号、文献来源DOI共16个，如图3-1-2所示。

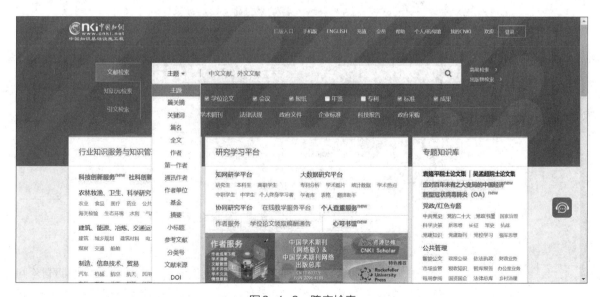

图3-1-2 跨库检索

点击检索区下方的文献数据库复选框，可按文献类型限定跨库检索的范围，可供选择的有学术期刊、学位论文、会议、报纸、年鉴、专利、标准等，如图3-1-3所示。

图3-1-3　限定文献类型进行跨库检索

跨库检索可实现对知网平台的期刊、学位论文、会议论文、报纸、年鉴、专利、标准等文献的一站式检索，一次检索获得多种类型的相关文献。

点击检索区右侧的"高级检索"，提供学科领域选择，还提供专业检索、作者发文检索、句子检索等更多检索方式，还可限定时间范围、来源类型等。

检索结果可以按主题、学科、发表年度、研究层次、作者、机构、基金等分组浏览，如图3-1-4所示。

图3-1-4　使用"高级检索"跨库检索

（2）单库检索

中国知网平台数据库的检索方法都很相似。下面以中国学术期刊（网络版）数据库为例，介绍单库检索方法。该库提供检索（即简单检索）、高级检索、专业检索、作者发文检索、句子检索等检索方式。

① 简单检索。简单检索快捷方便，适用于检索要求不高，比如仅对某一主题或某位作者的学术期刊检索，如图3-1-5所示。

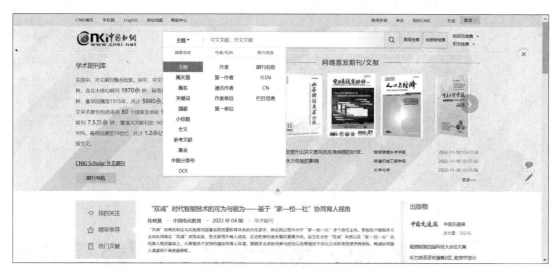

图3-1-5 单库简单检索

左栏上方可选择学科领域，在检索区，必须选择一个检索字段，默认是"主题"字段，其他检索字段还有篇名、关键词、作者、第一单位、期刊名称、ISSN、CN、基金、摘要、全文、参考文献、中图分类号，共20个检索字段。

② 高级检索。高级检索可进行更多检索字段的逻辑组配，可选择词频（即检索词出现的次数，最多9次），每个检索框可输入一个检索词，如在两个检索框输入检索词，需选择检索词之间的逻辑关系。逻辑关系有"并含"（相当于AND）、"或含"（相当于OR）、"不含"（相当于NOT）3种。

检索词可以选择"精确"匹配或"模糊"匹配。"精确"匹配是指检索结果完全等同或包含与检索字/词完全相同的词语；"模糊"匹配是指检索结果包含检索字/词或检索词中的词素。点击"输入检索条件"下的 ，可增加或删除一个检索框。

可以限定文献发表年份，还可以限定来源期刊的类别，比如SCI来源期刊、EI来源期刊、核心期刊、CSSCI等。

如果检索结果数量太多，主题太宽泛，还可以二次检索。输入检索条件后，点击"结果中检索"。检索结果可以选择按学科、发表年度、基金、研究层次、作者、机构分组浏览。其中，按"学科"分组，可发现与关键词最为相关的学科领域，并了解不同学科之间的交叉和融合以发现研究新热点；按"发表年度"分组，可了解该研究在哪些年份比较热门；按"基金"分组，可了解该研究受到哪些基金支持；按"作者"分组，可发现某领域的专家，并跟踪学者的最新研究成果；按"机构"分组，可寻找科研实力较强的研究单位，全面了解研究成果在全国的全局分布，并跟踪重要研究机构的成果。

检索结果的分组浏览相当于根据学科、发表年度、作者、机构分析检索结果，方便找到相关研究的热点、专家等。按检索结果的排序，可以发现该领域最有影响力论文、最热门的论文。

左栏的检索结果分类筛选，提供来源类别、期刊、关键词等，各类中按检索结果的数量倒序排列。点击类别名称右侧的向下箭头，可以展开显示更多类别名，如图3-1-6所示。

图3-1-6　单库高级检索

③ 其他检索方式。除了简单检索和高级检索，还提供专业检索、作者发文检索、句子检索、引文检索、知识元检索、出版物检索等。专业检索适用于专业检索人士，需要把检索条件用表达式的格式输入。作者发文检索可限定按第一作者检索，句子检索可限定两个检索词在同一句或同一段中。

单击首页"出版物检索"按钮，跳转到出版物检索页面，提供出版物来源导航、期刊导航、会议导航等8类导航，如图3-1-7所示。

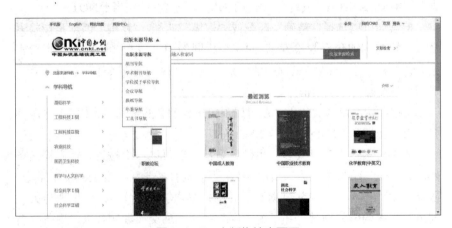

图3-1-7　出版物检索页面

（3）检索结果处理

① 查看全文及相关文献。从检索结果列表中，点击某篇文献的篇名，即可查看该篇论文的摘要和全文等信息，如图3-1-8所示。全文一般提供CAJ和PDF两种格式，还提供手机阅读和HTML阅读。阅读CAJ格式的全文，

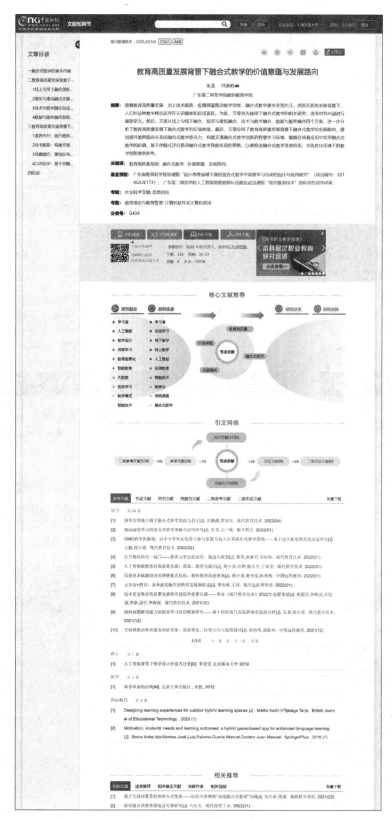

图3-1-8　文献详细信息

必须安装CAJViewer浏览器。阅读PDF格式全文，需安装Adobe Reader阅览器。

文献详细信息页面提供了和该论文相关的核心文献推荐和文献网络图，包括参考文献、引证文献、共引文献、同被引文献、二次参考文献、二级引证文献。

通过"参考文献"，可了解本项研究工作的背景和依据；通过"引证文献"，即引用本文的文献，可了解本文研究工作的继续、应用、发展或评价。"相似文献"，即与本文内容上较为接近的文献。

② 输出检索结果。从检索结果列表中勾选需要的记录，点击"导出与分析"按钮，可以一次性输出这些文献的题录信息，如图3-1-9所示。

输出文献提供多种格式选择，支持多种文献管理软件，有CAJ-CD格式引文、查新（引文格式）、Refworks、EndNote、NoteExpress、NoteFirst等多种格式，可按选择的格式复制、打印、导出、输出成Excel或Word文件，如图3-1-10所示。

> 通过"参考文献"和"引证文献"可了解研究脉络。通过"参考文献"可了解本项研究工作的背景和依据；通过"引证文献"，可了解本项研究工作的继续、应用、发展或评价。

图3-1-9 输出文献题录

图3-1-10 文献输出

③ 分析检索结果。从检索结果列表中勾选需要的记录，点击"导出与分析"下拉列表中"可视化分析"，可以分析选中文献及其参考文献、引证文献之间的关系，并用可视化的方式展示文献之间的互引关系，分析结果最多可选择150条；还可以选择最多50篇文献组合阅读。

（4）CAJ浏览器

CAJ浏览器是中国知网专用的全文格式阅览器，学位论文的全文必须使用CAJ浏览器阅读。

图3-1-11所示为CAJ浏览器的全文阅读界面。点击左上角的"页面"，可显示页面导航。选择全文中的一段文字，可以复制到Word等文字处理软件。可以对全文中的文字或图像进行标注，标注可用直线、曲线、矩形、椭圆、文本注释、高亮文本、下划线文本、删除线文本、知识元链接和书签等。

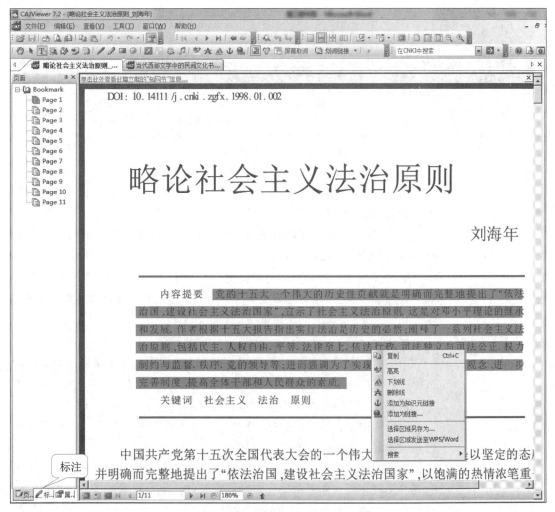

图3-1-11　CAJ浏览器

三、数据库检索实例

【检索实例】检索国内在引力波探测方面的相关研究论文。

【检索步骤】第一步：在"文献"栏目下，首先选择学科领域"基础科学""工程科技Ⅰ"和"工程科技Ⅱ"以及"信息科技"4个学科，在高级检索界面，通过"主题"途径，输入检索词"引力波"，如图3-1-12。命中检索结果1 161条。结果数量较多，需要进一步精确。

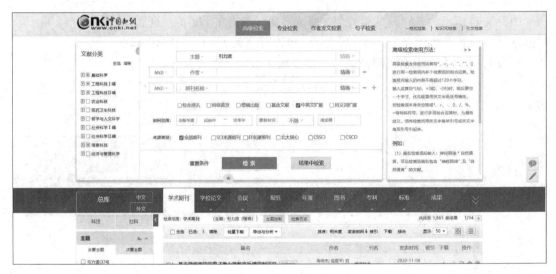

图3-1-12　检索"引力波"

第二步：再通过"主题"途径，输入检索词"探测"，点击"结果中检索"，返回检索结果512条。

第三步：在检索结果的分组浏览栏，点击"研究层次"，选择其中的"基础研究"，返回检索结果26条。

第四步：在检索结果的分组浏览栏，点击"学科"，可看到"天文学"和"物理学"这2个学科领域关于"引力波探测"的论文最多，其中"天文学"相关论文有21篇，"物理学"相关论文有4篇。

第五步：选择"天文学"，返回检索结果21篇。

第六步：在检索结果的排序栏，点击"被引"使检索结果按被引用次数排序，可找到该研究领域最有影响力的文章。

第七步：选择需要的文献，导出或保存。

中国知网平台收录的数据库种类众多，学科齐全，满足了各层次、各行业的需求，平台的功能强大，检索便利。

中国知网平台提供了主题、关键词、作者等多种检索途径，提供发表时间、文献来源、作者单位等多种控制条件，可对检索结果进行学科、研究层次、机构、基金等多种分组浏览，还可对检索结果按主题、发表时间、被引次数、下载次数排序。

总之，中国知网平台提供的检索途径多，结果分析功能强大，熟练掌握检索技巧的用户，可以很方便地从海量文献里查询到最相关的文献。

另外请注意，中国知网平台严格控制用户的非正常使用行为，切勿使用迅雷等下载工具批量下载文献。一旦发生过量下载，系统将自动封禁账号的使用权，情节较轻的一般第二天系统会自动解封。但机构用户如果严重过量下载，系统将暂时封禁使用权直至用户联系中国知网，并协助解决处理相关事宜。

思考与练习

一、判断题

1. 中国重要报纸全文数据库中收录的报纸，是全版面完整收录的。（　　）
2. 中国知网可以查询发表文章的被引用情况。（　　）
3. 中国学术期刊（网络版）数据库，在来源限定栏可选择"CSCD来源期刊"。（　　）
4. 中国学术期刊（网络版）数据库可以在前一次检索结果中再次检索。（　　）。
5. 中国学术期刊（网络版）数据库只能按作者检索，不能限定第一作者检索。（　　）。

二、选择题

1. 中国学术期刊（网络版）数据库收录的期刊文献，最早是（　　）。
   A. 1979年　　　　　　B. 1995年
   C. 1915年　　　　　　D. 1949年
2. 中国学术期刊（网络版）数据库提供（　　）字段的索引。
   A. 作者　　　　　　　B. 来源期刊
   C. 机构　　　　　　　D. 关键词
3. 中国学术期刊（网络版）数据库的检索结果分组浏览，选择（　　）可以发现某一领域的专家。
   A. 作者　　　　　　　B. 机构
   C. 学科　　　　　　　D. 基金

三、填空题

1. 在中国学术期刊（网络版）数据库中获得的检索结果，可以通过_____、_____、_____、_____ 4种方式排序。其中按 _____ 排序可以发现该领域最有影响力的论文。
2. 中国学术期刊（网络版）数据库获得的检索结果，可输出到哪些文献管理软件，请列举2个：_____、_____。
3. 中国博士学位论文全文数据库的全文需要使用 _____ 浏览器阅读。
4. 中国博士学位论文全文数据库收录的博士论文最早是 _____ 年。
5. 中国知网平台收录哪些文献类型，请列举5种：_____、_____、

_____、_____、_____。

四、简答题

1. 请简述某篇论文与其参考文献、引证文献之间的关系，通过参考文献和引证文献可了解哪些研究脉络。

2. 请简述中国知网平台主要收录哪些数据库。

五、简述操作题

请简述检索步骤，检索要求是复旦大学经济学院张军教授2000年以来发表的期刊论文，以及被引用最多的期刊论文。

第二节　中文科技期刊数据库及其检索

一、数据库简介

中文科技期刊数据库由重庆维普资讯有限公司出版。重庆维普资讯有限公司成立于1995年，前身为中国科技情报研究所重庆分所数据库研究中心，是中国第一家从事中文期刊数据库研究的机构。数据库研究中心于1989年自主研发并推出了中国第一个中文期刊文献数据库中文科技期刊篇名数据库。在此基础上，维普资讯又相继研发并推出了中文科技期刊数据库、中国科技经济新闻数据库、中文科技期刊数据库（引文版）、维普论文检测系统等系列产品。

中文科技期刊数据库是唯一荣获国家科技进步三等奖的中文期刊数据库，是中国科学引文数据库（CSCD）、中国生物医学文献数据库（CBMdisc）唯一全文链接数据库，也是唯一以学术词表规范关键词标引，提供专业同义词检索的中文期刊数据库，现已成为综合性文献服务网站。

统计至2022年11月，中文科技期刊数据库收录期刊15 330种，其中核心期刊2 000多种，文献总量达7 000余万篇，回溯年限一般为1989年，部分期刊回溯至1955年。中心网站每日更新，全文采用国际通用的高清晰PDF全文数据格式。学科范围分为社会科学、自然科学、工程技术、农业科学、医药卫生、经济管理、教育科学和图书情报。著录数据遵循下列标准：《中国图书馆分类法》、《检索期刊条目著录规则》（GB3793-83）、《文献主题标引规则》（GB3860-83）等。

二、数据库检索方法

中文科技期刊数据库的检索方法：

1. 登录

机构用户：登录网址 http://lib.cqvip.com/，即可使用。

个人用户：登录网址 http://www.cqvip.com/，需要注册账户，并通过支付宝、微信或购买充值卡等方式为账户充值后方可使用。

2. 检索功能

维普网提供基本检索、高级检索期刊导航、检索历史等检索方式，如图3-2-1所示。

图3-2-1　维普网首页

（1）基本检索

基本检索是简单快捷的检索方式，提供文献搜索、期刊搜索、学者搜索和机构搜索方式，不同搜索可选择相应的搜索限定。例如，文献搜索可选择标题/关键词、作者、机构和刊名。

（2）高级检索

高级检索提供多条件逻辑组配检索。

限定区可限制发文时间、来源期刊、学科范围等检索条件。来源期刊范围提供全部期刊、北大核心期刊、EI来源期刊、SCI期刊、CAS来源期刊（CAS即化学文摘）、CSCD期刊（CSCD即中国科学引文索引）、CSSCI期刊（CSSCI即中国社会科学引文索引）。学科范围提供35个学科类，可以精确选择学科。

检索区提供的检索字段包括任意字段、题名或关键词、题名、关键词、摘要、作者、第一作者、机构、刊名、分类号、参考文献、作者简介、基金资助、栏目信息14个检索途径。

检索区的"+"或"-"，可增加或减少检索框；检索框之间可以选择"与、或、非"的逻辑组配关系，如图3-2-2所示。

一次检索后，检索框下面会提供重新检索、在结果中搜索、在结果中添加、在结果中去除等选项，供用户二次检索时选择，如图3-2-3所示。

（3）检索式检索

检索式检索支持一次输入复杂的检索式，如图3-2-4所示。

（4）期刊导航

期刊导航可多渠道快速定位期刊，可以做年、卷、期的内容浏览及相

图3-2-2　高级检索

图3-2-3　二次检索

关期刊或文献的漫游，如图3-2-5所示。

期刊导航可按期刊名检索，可按刊名字顺浏览，还可按学科分类、核心期刊、国内外数据库收录、期刊地区分布等多种方式浏览期刊。学科分

图3-2-4 检索式检索

图3-2-5 期刊导航

类分为35个大学科。核心期刊导航包括北大核心期刊、中文社会科学引文索引、中国科学引文数据库、中国科技论文统计源期刊（中国科技核心期刊）、中国人文社会科学核心期刊要览。国内外数据库收录导航包括CSCD、CSSCI等。

在期刊详细信息页面，可了解期刊的出版信息。在"收录汇总"页面，可按年卷期浏览期刊内容，还可在"发表作品""发文分析""评价报告"浏览相关信息，如图3-2-6所示。

图3-2-6　期刊详细信息

（5）检索历史

检索历史是系统自动保存用户检索历史（登出系统即不再保存），可对检索式进行重新检索或逻辑组配检索。点击某个检索式，则重新检索；从检索历史列表中选择多个检索表达式，并用逻辑运算符"与""或""非"组成恰当的检索策略，如图3-2-7所示。

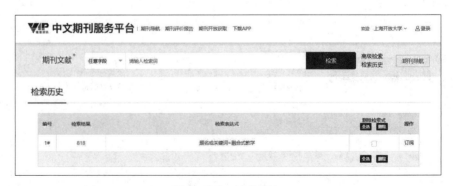

图3-2-7　检索历史

3. 检索结果处理

（1）查看全文及相关文献

在检索结果列表中，点击某篇文献的篇名，即可查看该篇论文的详细信息包括摘要，如图3-2-8所示。

图3-2-8 论文详细信息

"在线阅读",可直接在浏览器阅读全文,但不能复制和提取文字内容。"下载全文",可阅读或下载保存PDF格式全文,需安装Adobe Reader阅览器,在PDF阅览器中,可对文章进行"全文搜索",只需点击"文件"工具栏上的"搜索"按钮即可,还可对文章内容进行注释和在某处插入书签等。

论文详细信息页面还列出了作者、机构地区、出处、基金、关键词、分类号、引文网络、相关文献等链接,可以点击相关链接浏览相关信息。

"引文网络"列出了节点文献、参考文献、引证文献等引文信息网络,单击相关链接可浏览相关文献。

"相关文献",即与该论文研究主题相关的文献,可了解同类研究的现状。

数据库中部分文献未收录全文,不能直接"在线阅读"或"下载全文",可通过论文名后的"原文传递",提交文献传递请求。请求的文献会通过E-mail发送到用户邮箱,如图3-2-9所示。

数据库还有部分文献既未收录全文,也没有提供"文献传递",只能查看文摘。

数据库中部分文献不提供全文,可提交文献传递请求,请求的文献会通过E-mail发送到您的邮箱。

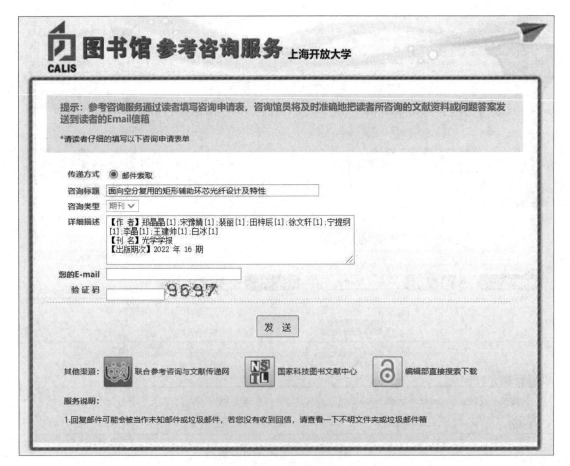

图3-2-9 文献传递申请表

（2）输出检索结果

检索结果可按相关度、被引量和时效性进行排序，如图3-2-10所示。

图3-2-10　检索结果列表排序

从检索结果列表中勾选需要的记录，可以按文本、参考文献、XML、NoteExpress、Refworks、EndNote、自定义等多种格式输出，如图3-2-11所示。

图3-2-11　检索结果导出

三、数据库检索实例

【检索实例】检索有关石墨烯在超级电容器应用领域的研究论文。

【检索步骤】第一步：选用"高级检索"，选择检索字段"题名或关键词"，输入"石墨烯"，点击"查看同义词"，选择同义词加入检索。第二行选择逻辑关系"与"，检索字段仍是"题名或关键词"，输入"超级电容器"，点击"查看同义词"，选择同义词加入检索，如图3-2-12所示。

图3-2-12 检索实例

第二步：在时间限制栏选择"2010-2021"。

在期刊范围栏选择"CSCD来源期刊"，以筛选出在高质量期刊上发表的论文"学科限定"中选择"一般工业技术"，返回结果501篇。

第三步：浏览检索结果，选择感兴趣的相关论文，可以查看全文。

中文科技期刊数据库采用人机结合的半自动化标引，对标引流程进行严格规范的管理，采用各种通用标引规则，并经过多年实践的改进和完善，确保了中文科技期刊数据库标引的高质量，保障用户在海量数据中的查全率和查准率。

数据库提供基本检索、高级检索、期刊导航、检索历史等多种检索方式，基本满足检索需求，对检索结果可以导出或浏览下载全文，未提供全文的可申请文献传递。

运用科学计量学中的引文分析方法，对文献之间的引证关系进行深度数据挖掘，可了解作者、机构、期刊的科研水平及影响力评价，并了解当前国内的科研动态、研究热点和前沿。可广泛用于课题调研、科技查新、项目评估、成果申报、人才选拔、科研管理、期刊投稿等用途。

思考与练习

一、判断题

1. 中文科技期刊数据库中收录的每一篇文献都提供全文。（　）
2. 中文科技期刊数据库可以在前一次检索结果中二次检索。（　）
3. 中文科技期刊数据库只能按作者检索，不能限定第一作者检索。（　）
4. 中文科技期刊数据库检索结果，可按相关性排序。（　）

二、选择题

1. 中文科技期刊数据库收录的文献，最早是（　）。
   A. 1949年　　　　　　B. 1955年
   C. 1989年　　　　　　D. 1999年

2. 在中文科技期刊数据库检索结果的论文详细信息页面，（　）可以查看该论文所属领域的高影响力论文。
   A. 高影响力作者　　　B. 高影响力期刊
   C. 高影响力机构　　　D. 高被引论文

3. 在中文科技期刊数据库的二次检索选项"在结果中搜索"，本次检索和前面的检索是（　）逻辑关系。
   A. 逻辑与　　　　　　B. 逻辑或
   C. 逻辑非　　　　　　D. 无逻辑关系

三、填空题

1. 中文科技期刊数据库，在来源期刊限定范围，可选择_____、_____、_____、_____、_____、_____、_____7种来源期刊范围。

2. 中文科技期刊数据库获得的检索结果，可输出到哪些文献管理软件，请列举2个：_____、_____。

3. 中文科技期刊数据库的全文采用_____格式。

4. 中文科技期刊数据库的期刊导航可按_____、_____、_____、_____、_____等5种方式浏览期刊。

5. 中文科技期刊数据库的期刊导航，其中的国内外数据库收录导航包含31个国内外数据库，请列举5种：_____、_____、_____、_____、_____。

四、简答题

请简述中文科技期刊数据库可按那些核心期刊目录浏览期刊。

五、简述操作题

请简述检索步骤，检索要求是在中文科技期刊数据库中查询近5年发表在EI来源期刊上，受国家自然科学基金资助，有关高温超导方面的论文。

第四章

电子图书的使用

电子图书（也称数字图书，eBook）是采用二进制的数字化形式将图书文献的文本存贮在计算机磁盘或光盘载体上，在计算机软件的支持下形成电子图书数据库，并再现出来供人们阅读利用。

出现于20世纪80年代初的全文检索技术极大地促进了电子图书的发展，尤其是近年来，多媒体技术和超文本技术广泛应用于电子信息的处理中，促使电子图书赢得了更多的读者，使电子图书具有图、文、声并茂的特征，也使得电子图书具有如下特点：亲切的感受力、强大的检索功能、资源的共享、稳定性强。

随着因特网的兴起，基于网络的电子图书获得了大规模发展。电子图书的迅速发展始于2000年，美国畅销小说作家Stephen King发表了第一本电子图书形式的小说《Riding the Bullet》，发行第一天就被下载40万份，Stephen King本人也获得45万美元的收入。这个事件在互联网书籍销售史上创造了出版界的奇迹，同时也掀起了一股声势浩大的"eBook热潮"，令电子图书市场呈现生机勃勃的局面。早些年电子图书主要以百科全书、词典这类参考工具书居多，现在网上有了大量的文学作品等，并且数量越来越多，一些著名的WWW站点在收录电子图书方面很有特色，吸引了大批读者。

近几年随着电子书阅览器、平板电脑和智能手机等各种可移动设备迅速发展，电子书阅览器如Kindle、索尼、汉王、三星等层出不穷，很多智能手机也加入了阅读电子图书的功能。现代化紧张的生活和工作节奏，使人们趋向于更多地通过手机阅读电子图书。因此电子图书的发展十分迅猛。

目前，因特网上的电子图书按照付费方式可以分为单本销售、整库购买、免费访问3种：

第一种：单本销售。各种网上书店均提供这种付费方式的电子图书，例如，亚马逊网上书店（http://www.amazon.com/ ）和当当网上书店（http://book.dangdang.com/ ）。这类网上书店已数不胜数，付费方式比较灵活，购得的图书可以是电子版的，也可以是印刷版的，是电子商务的模式。

第二种：整库购买。这类电子书一般依托一定的图书检索和阅览系统，必须依靠相应的浏览器才能阅读或下载，图书的学科门类齐全，数量庞大，也称为数字图书馆。一般个人可以购买读书卡阅读，机构可以购买其整个图书数据库，在局域网范围内使用。

第三种：免费访问。网上会有一些免费图书的网站，但大多以文学类图书为主。

本章详细介绍整库购买的电子图书超星电子图书、方正阿帕比数字资源平台电子图书及Springer Link电子图书。

第一节　超星电子图书及其检索

一、概况及特点

超星（www.chaoxing.com）前身是超星数字图书馆，由北京时代超星公司与广东中山图书馆合作制作。自2000年1月正式开通，于同年先入选国家"863"计划中国数字图书馆示范工程，参与了国家数字图书馆战略。而后在2001年10月23日，中国电信杯第二届中国优秀文化网站调查评估中，超星数字图书馆作为唯一的图书类网站获殊荣。

超星电子图书采用由时代超星公司自主开发的图文资料数字化技术PDG格式。针对PDG格式数字图书的阅览、下载、打印、版权保护和下载计费，北京时代超星公司专门设计了超星阅览器。

超星向会员提供数百万多种中文电子图书，随着因特网技术的迅速发展，超星已经成为各大图书馆、档案馆和出版社支持的庞大数字图书展示推广平台，极大地推动了中国数字图书馆事业的发展。

超星是有偿服务。提供服务的方式有两种：一是单位用户购买；二是包月会员制。单位购买用户可以在其固定IP地址范围内免费使用超星的资源，或者采用镜像的方式使用该资源。其他用户就需要先注册并购买包月服务后，方能使用其全部资源。

超星主页如图4-1-1所示。在右上角点击［注册］按钮，就可以注册成为用户，可免费浏览少部分书籍。如果用户要成为正式会员，在注册登录后，必须点击充值链接进入超星星币银行，在输入用户名和密码后，输入充值卡密码；同时可点击各种面额的星币充值卡在线购买各种有效期的读书卡。

图4-1-1　超星主页

正式会员享受的是图书馆形式的图书借阅服务，对下载的资料不具有永久所有权，借阅时间是在读书卡有效期内。读书卡过期后，就被认为归还，并且不能继续下载资料了。

二、超星的功能及超星阅览器

超星阅览器（SSReader）是超星公司拥有自主知识产权的图书阅览器，是专门针对数字图书的阅览、下载、打印、版权保护和下载计费而研发的。经过多年不断改进，SSReader现已发展到V5.7.0版本，是国内外用户数量最多的专用图书阅览器之一。

用户在下载、安装超星阅览器后，即可浏览超星发现中的全文资源。通过超星阅览器，还可进行在线注册、登录、读书卡充值等操作。

1. 超星阅览器的安装

如要下载最新版的超星阅览器，请到http://ssreader.chaoxing.com。

超星阅览器Windows版本是针对PC机及笔记本电脑上的阅读特点设计的阅读操作界面。支持在图书原文上做多种标注及添加书签，并可以导出保存；下载图书，图书管理，可手动导入导出图书；图片文字识别；图书文本编辑；提供多种个性化设置。这里介绍超星阅览器Windows版本的安装。

超星阅览器安装程序下载完毕，双击安装程序进入自动安装向导，根据引导完成超星阅览器的安装，如图4-1-2所示：

第一步：双击安装程序，开始安装。

第二步：根据安装向导的提示安装。

超星阅览器不能安装到中文路径下。

第三步：阅览器安装路径的选择。

第四步：完成安装。

第四章 电子图书的使用

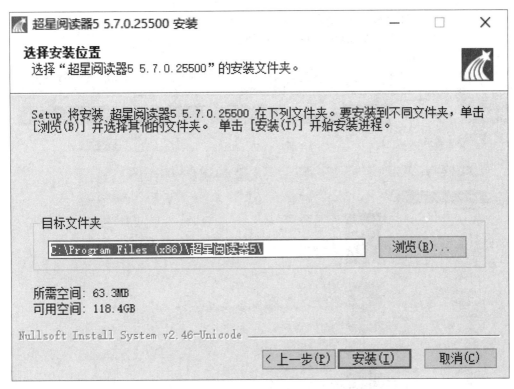

图4-1-2　阅览器安装路径的选择

2. 新用户注册

新购星币卡没有注册过用户名，需要先注册。注册方法一：在超星阅览器的"注册"菜单中，选择"新用户注册"，如图4-1-3所示。注册方法二：在超星主页，点击右上角"登录"链接再点击"新用户注册"按钮。

图4-1-3　新用户注册

3. 超星阅览器的界面

超星阅览器界面如图4-1-4所示。

图4-1-4 超星阅览器

（1）菜单栏

菜单栏位于阅览器的上方，提供阅览器的全部功能，包括文件、网页（或图书\采集\资源）、书签、设置、注册、窗口、帮助，如图4-1-5所示。

菜单栏中第二项因浏览内容不同而异，在图4-1-5中浏览图书时，该项为"图书"；当浏览网络资源时，该项为"网页"；当采集时，该项为"采集"。

图4-1-5 图书阅读菜单栏

（2）功能标签

功能标签位于超星阅览器的左上侧，功能包括资源和历史。

① 资源。用户可以看到本地图书馆、光盘，用来存放会员下载图书，管理本地硬盘文件。整理从远程站点复制的列表，建立个性化的专题图书

馆。用户还可以点击鼠标右键新建同级分类、子分类、复制、剪切、粘贴、导入、导出等操作。上传资源站点等远程资源，并可将远程资源复制、粘贴和传递到"个人图书馆"；还可以对"个人图书馆"中的资源进行管理，如图4-1-6所示。

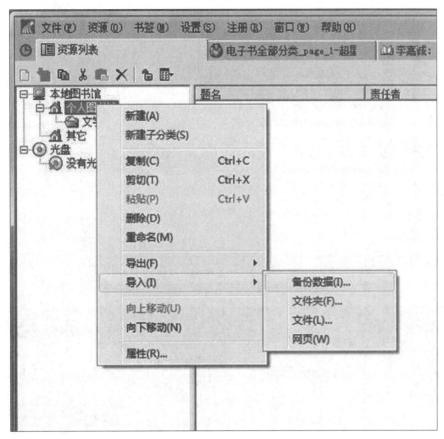

图4-1-6 功能标签"资源"

② 历史。显示用户通过超星阅览器访问资源的历史记录。历史记录可以按照周、天显示，或按照资源显示。显示的内容包括书籍名称，还包括通过超星阅览器浏览过的网站URL，便于读者再次快速访问，如图4-1-7所示。

（3）窗口

窗口位于阅览器的中部，是阅览器的主体部分。常用的窗口有资源列表、网页窗口、书籍阅览窗口、书籍下载监视、采集窗口等。如图4-1-8所示，在超星阅览器的界面中，资源列表窗口与书籍阅览窗口是并列显示的。

采集窗口的功能包括新建eBook、打开、扫描、导入、保存、复制、粘贴、删除、全选、插入、添加一页等功能。用户可以管理采集下来的资料。制作成电子图书后还可以发表到读书社区或上传图书与他人分享，如图4-1-9所示。

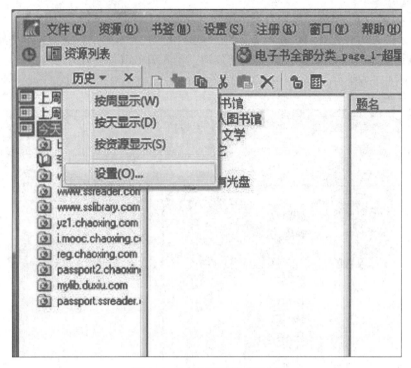

图 4-1-7　功能标签"历史"

用户可以根据需要对窗口进行排列、打开或关闭操作。

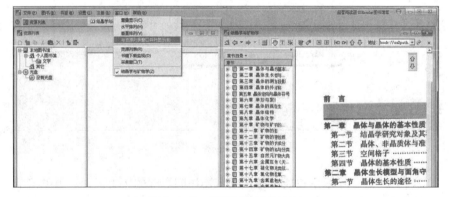

图 4-1-8　超星阅览器的窗口

（4）快捷工具栏

快捷工具栏位于相应窗口的上部。它提供了网页浏览、书籍阅读、下载监视、编辑常用命令（复制、剪切、粘贴等）。如图 4-1-8 所示，在超星阅览器的界面中，资源列表窗口有别于书籍阅览窗口中的快捷菜单。

4. 超星阅览器的使用

（1）设置

菜单栏中的"设置"选项可以对超星阅览器的所有功能进行设置，设置内容包括资源、页面显示、书籍阅读、网页、历史、采集、下载监视、代理服务器，如图 4-1-10 所示。

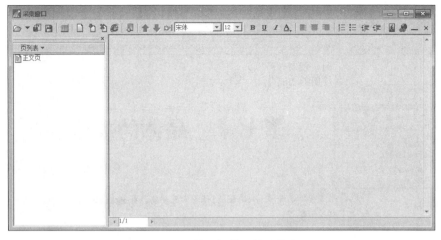

图4-1-9　超星阅览器的采集窗口

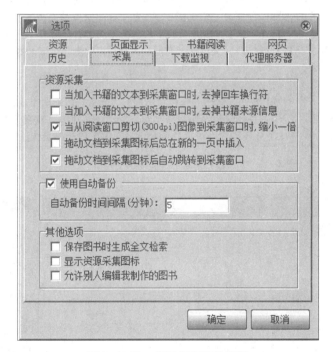

图4-1-10　超星阅览器的设置

（2）图书阅读

利用超星阅览器的菜单栏、快捷工具栏中的按钮可以对阅读中的图书进行标注、文字识别、放大比例、书签等操作，如图4-1-11所示。

① 文字识别。利用"文字识别"功能，可以将PDG格式转化为文本格式。文字识别的操作方法如下：菜单栏中的"图书"→点击"文字识别"→拖动鼠标选择需要识别的区域→得到"文字识别"窗口，用户还可以在该窗口内进行文字编辑，可以保存、加入采集，如图4-1-12所示。

② 标注：可以标注页面的重要内容。标注形式有批注、铅笔、直线、

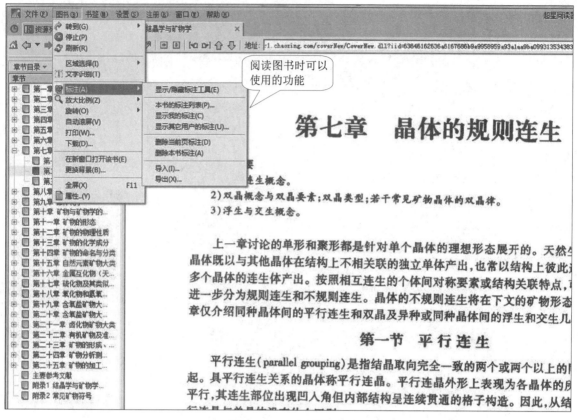

图4-1-11 图书阅读

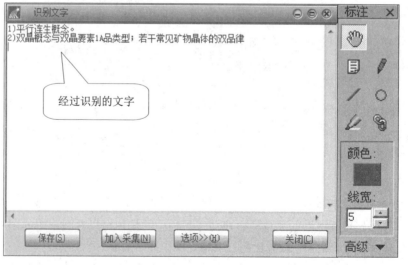

图4-1-12 文字识别　　　　图4-1-13 标注

读者在结束每次阅读时，可利用"添加书签"为阅读终止页添加标记，以便下一次继续阅读。

画圈、高亮、链接，如图4-1-13所示。

③ 书签：利用"添加书签"可以将当前页面信息添加到书签管理器中，并可以在日后调用。在书签管理器中，还可以对书签进行添加、删除等操

作,如图4-1-14所示。

图4-1-14　书签

（3）访问网站

借助超星阅览器可以浏览网站,此时超星阅览器充当IE浏览器的角色。

三、检索方法及检索实例

机构用户通常有两种访问方式：一是将数据安装在本地,建立镜像服务器访问；二是访问超星主站各服务器。个人用户主要通过免费获得或购买星币充值卡来使用超星发现,需要连接超星主站服务器。以下介绍以个人身份登录超星主站服务器,使用电子图书的方法。

1. 进入超星的网站

在地址栏中输入超星地址www.chaoxing.com。在主页的右上角点击［登录］按钮,开始注册登录。经过注册就可以拥有自己设定的用户名和密码,如图4-1-15所示。但要成为正式的会员,需由超星主页点击"超星读书卡会员",进入超星读书页面后,再点击右上方 充值星币 ,进入超星星币银行,如图4-1-16所示。在超星星币银行购买不同面额的星币充值卡（1星币=1元人民币）,充值成为普通会员。

2. 检索方式

（1）按主题分类导航阅读图书

打开超星的主页,点击"超星读书卡会员"按钮,页面左侧"全部分类"提供了教育、哲学宗教、综合性图书、计算机通信等共21个主题分类导航阅读图书,如图4-1-17所示。

点击所需检索的类目,其下将会出现该类目所包含的子类,点击子类即可显示与该子类相关的所有图书。操作步骤如下：

第一步：选择所需检索的类目,直到出现书目。

> 被超星数字图书馆收录图书的作者可获得10年期免费读书卡,享受数字图书馆的VIP待遇。10年后授权作者可以要求继续赠送读书卡,或以经济方式回馈。

> 为提高检索效率,检索前可先大体浏览分类体系,确定阅读范围。

图4-1-15 注册用户名

图4-1-16 超星星币银行充值和购买星币卡

图4-1-17　超星读书按主题分类导航阅读图书的方式

第二步：在书目中选择所需图书，如图4-1-18所示。

图4-1-18　主题分类导航阅读图书第二步

第三步：点击该图书下方的任意阅读按钮进入阅读状态，如图4-1-19所示。

图4-1-19 主题分类导航阅读图书第三步

（2）简单检索

无论登录与否，进入超星主页，在页面上方即可见到简单检索入口。在该检索方式下，可以用三种途径检索：全部字段、书名、作者。如图4-1-20所示，可以查询图书的全部内容，有些图书只有成为会员并经登录后才能阅读和下载。

图4-1-20 简单检索

3. 检索实例

【检索实例1】查询信息检索的图书。

【检索步骤】第一步：在检索框内输入"信息检索"，并选择"全部字段"，点击"搜索"按钮。

第二步：在得到的图书列表中选择所要阅读的图书《信息检索》，点击该书的书名，如图4-1-21所示。

第三步：点击要阅读图书《信息检索》右下方"阅览器阅读"按钮，如图4-1-22所示。

为保证阅读速度，建议电信用户选择"阅览器阅读（电信）"阅读，网通用户选择"阅览器阅读（网通）"阅读。

第四步：超星阅览器会自动打开，用户可进入《信息检索》图书阅读，如图4-1-23所示。

【检索实例2】查询有关2015年诺贝尔生理学或医学奖的中国女药学家屠呦呦的书籍。

图4-1-21　检索实例1第一、二步

图4-1-22　检索实例1第三步

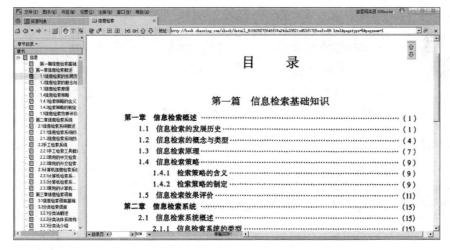

使用网页阅读的用户，不同于使用阅览器阅读和下载本书，后两者在阅读前需要下载安装超星阅览器。

图4-1-23　检索实例1第四步

【检索步骤】第一步：在超星主页会员登录后，在简单检索框内，输入"屠呦呦"，并选择检索范围为全部字段，点击"搜索"。

第二步：在得到的图书列表中选择所要阅读的图书《我与中西医结合事业》，点击该书的书名，如图4-1-24所示。

图4-1-24　检索实例2 第一步、第二步

第三步：点击图书《我与中西医结合事业》页面中部任意阅读按钮，如果不想通过超星阅览器阅读，也可以点击"网页阅读"，直接在网页浏览器中阅读图书，如图4-1-25和图4-1-26所示。

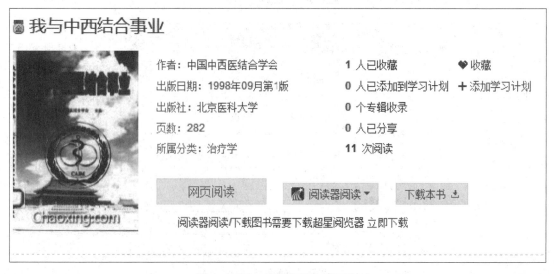

图4-1-25　检索实例2 第三步

图4-1-26 检索实例2 网页阅读

在镜像方式下，目的范围较大的查询，建议使用简单检索方案。

在镜像方式下，掌握书目信息较多的查询，建议使用高级检索方案。

思考与练习

一、判断题

1. 超星前身是超星数字图书馆，超星中的资源全部是有偿服务。（ ）
2. 不下载、安装超星阅览器就无法阅读超星中的电子图书。（ ）
3. 新用户注册有两种方式：超星主页注册和超星阅览器中注册。（ ）
4. 超星阅览器可以安装在中文路径下。（ ）
5. 通过超星阅览器可以自制电子书并上传分享。（ ）

二、选择题（单选或多选）

1. 超星提供的检索方式有（   ）。

   A. 简单检索　　　　　　B. 主题分类导航检索

   C. 书中检索　　　　　　D. 超星发现检索

   E. 二次检索

2. 超星阅览器资源标签的功能有（   ）。

   A. 查看本地图书馆中资源　　B. 建立个性化专题图书馆

   C. 管理远程资源　　　　　　D. 管理"个人图书馆"

3. 超星阅览器采集窗口的功能包括（   ）。

   A. 新建Ebook　　　　　　B. 扫描

   C. 导入　　　　　　　　　D. 插入

4. 超星图书借期是（　）。
   A. 一个月　　　　　　　　B. 半年
   C. 无限期　　　　　　　　D. 读书卡有效期内

三、填空题

1. 被超星数字图书馆收录图书的作者可获得 _____ 年期免费读书卡，享受数字图书馆的VIP待遇，之后授权作者可以要求继续赠送读书卡使用，或以经济方式回馈。

2. 超星电子图书的阅读方式有 _____ 和使用超星阅览器阅读。

3. 打开超星的主页 _____，点击超星读书卡会员，页面左侧"全部分类"提供了教育、哲学宗教、综合性图书、计算机通信等共 _____ 个主题分类导航阅读图书。

四、简答题

1. 在超星中查询计算机学科中关于PHP的图书，并简述检索步骤和检索结果。

2. 请简述超星的检索方式有哪些。

第二节　方正阿帕比（Apabi）数字资源平台及其检索

一、概况和特点

方正阿帕比（Apabi）数字资源平台提供200多万种中国出版的电子图书，内容涉及人文社科、自然科学等所有学科类别。方正阿帕比（Apabi）数字图书采用CEB格式。使用专用软件Apabi Reader阅读图书全文。该软件是集电子书阅读、下载、收藏等功能于一身的图书阅览器。Apabi Reader可以阅读CEB、PDF、HTML、TXT或XEB格式的电子图书和文件。它在保留纸书阅读习惯的基础上，提供了一些阅读纸书无法享受的便利功能，如字体缩放、查找、快照等。方正电子图书为全文电子化的图书，可输入任意知识点或全文中的任意单词进行检索。

使用方正阿帕比（Apabi）数字资源平台的大致步骤如下：

第一步：下载、安装Apabi Reader。

第二步：到方正阿帕比（Apabi）数字资源平台注册。只有当系统开通了注册功能，在平台授权IP范围内的用户才可注册成为数字资源平台的注册用户，注册用户与有密码用户一样，拥有更多的个性化功能：我的图书馆、我的圈子、收藏、推荐各种资源等高级功能。

第三步：借阅、下载、在线阅读电子书。下载借阅的电子图书借阅时间因书不同，到期后需重新续借。

方正阿帕比（Apabi）数字资源平台首页如图4-2-1所示。

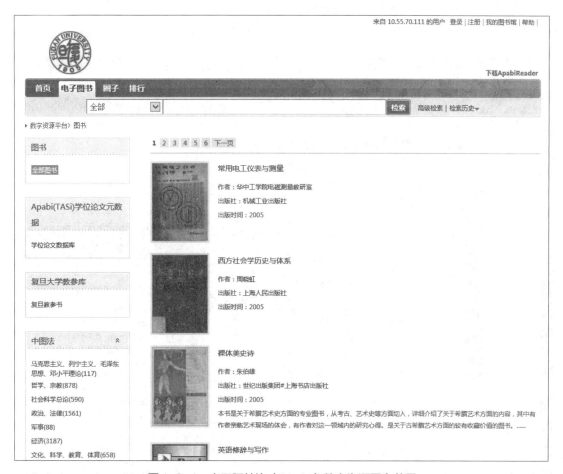

图4-2-1　方正阿帕比（Apabi）数字资源平台首页

二、平台功能及阿帕比阅览器

方正阿帕比阅览器（Apabi Reader）是用于阅读电子书的阅读软件，如前所述可以阅读CEB、PDF、HTML、TXT等文件。Apabi Reader的界面友好，尽量使电子书的阅读接近于传统纸书的阅读习惯，其主要功能有翻页、加批注、加划线、加书签、查找等。而且常用的中英文电子词典软件，可以通过屏幕取词，翻译Apabi Reader的词。目前，版本为简体中文版4.5.2。

1. Apabi Reader的安装

在方正阿帕比（Apabi）数字资源平台首页提供Apabi Reader下载。阅览器安装程序下载完毕，双击安装程序将进入自动安装向导，向导会引导用户完成Apabi Reader的安装。步骤如下：

第一步：双击安装程序，开始安装。

第二步：根据安装向导的提示安装。

第三步：选择阅览器安装路径。

第四步：完成安装。

2. Apabi Reader 界面

Apabi Reader 的界面如图 4-2-2 所示。

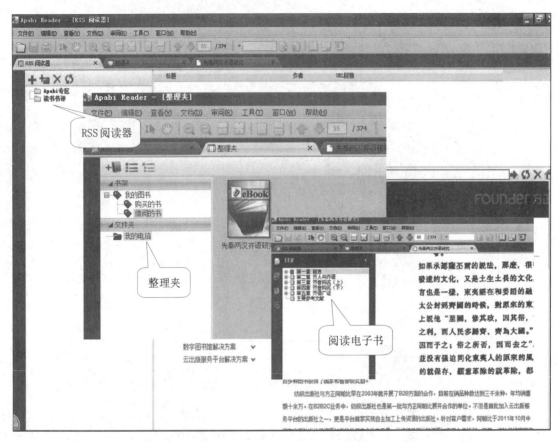

图 4-2-2　方正 Apabi Reader 界面

（1）阅览器的组成

① 整理夹。管理下载的图书。

② RSS 阅览器。包含一些电子图书的链接和书评链接。

（2）Apabi Reader 的功能

① 读书模式。提供模拟纸本图书阅读的模式，效果比较好。在该模式下滚动鼠标轮可向前或向后翻页，如图 4-2-3 所示。

② 工具。提供基本、缩放、注释、朗读 4 类工具，如图 4-2-4 所示。只需点击该图标，即能实现对应的功能。例如，要放大文字，只需点击工具栏上的放大镜图标，再点击阅读区文字，就可以实现放大文字功能。下划线、加亮、圈注、便签、批注等操作方法如下：

在阅读过程中，可随时选定文字区域并点击鼠标右键，使用页面笔记功能。

第一步：拖动鼠标选择文字区域；

第二步：选择任意功能，即可实现对选择区域文字的划线、加亮、圈注、便签、批注等。

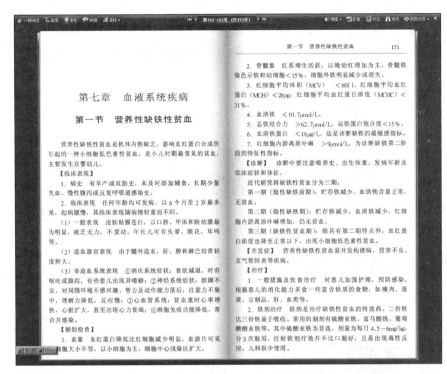

图4-2-3　Apabi Reader读书模式

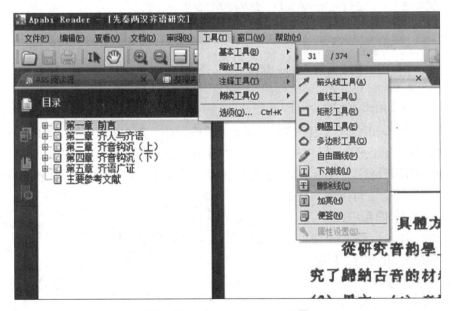

图4-2-4　Apabi Reader工具

三、检索方法及检索实例

1. 连接方正阿帕比（Apabi）数字资源平台

在网页浏览器地址栏中敲入数字资源平台站点主页IP地址进入，如图4-2-5所示。

图4-2-5 方正阿帕比（Apabi）数字资源平台进入与登录

2. 登录

用户在下载、安装Apabi Reader后，还要登录才能使用数字图书馆的图书。有两种登录方式：

（1）用户名登录

有密码用户通过用户名、密码登录系统。首次登录需注册填写用户信息，在"我的图书馆"查看并修改用户资料、了解借阅规则；查看已经收藏的资源列表，并可以删除，还可以查看借阅历史，预约图书，查看书评、好友、日志、留言等。

> 如果选中了"记住我"，下次使用同一台计算机进入该数字资源平台将不需要再登录。

（2）IP用户登录

经注册后，即可使用"个人图书馆"功能，也可以创建读书圈子、管理借阅、检索器、评论、打分推荐等个人信息。

3. 检索方式

（1）分类检索

有中图法、热门出版社和热门作者3种分类方法，如图4-2-6所示。

登录到方正阿帕比（Apabi）数字资源平台主页后，默认显示全部图书，可以选择"中图法"下包含的22个"学科分类"、10个"热门出版社"、10个"热门作者"分类检索。

第一步：选择某一分类目录，可逐级点击进入子目录；

第二步：页面右边出现该子目录下的馆藏书籍；

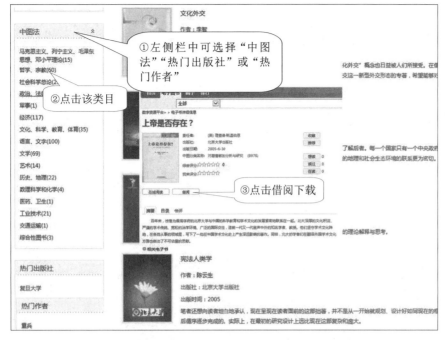

图4-2-6　分类检索

第三步：可逐层点击在线阅读或下载。

（2）简单检索

主页正上方为默认的简单检索界面，显示可检索的书名、责任者、主题/关键词、摘要、出版社、出版日期、中图法分类号、ISBN号、目录和全文等检索字段和检索词输入框，如图4-2-7所示。其检索步骤如下：

图4-2-7　简单检索

第一步：选择检索字段；
第二步：在检索输入框中输入检索词；
第三步：点击"检索"按钮完成检索。

（3）高级检索

点击主页上方的"高级检索"链接，可进入高级检索页面。高级检索可进行字段内和字段间的组配检索。检索步骤如图4-2-8所示。

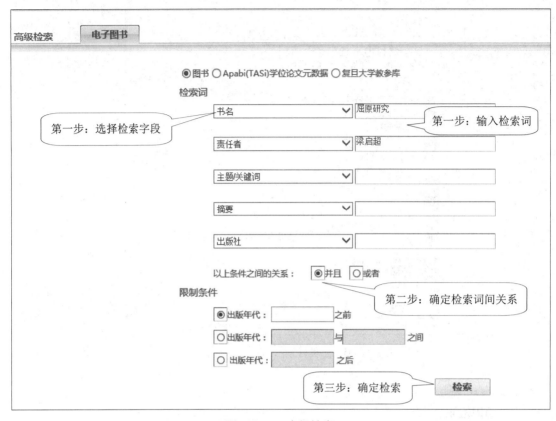

图4-2-8 高级检索

第一步：先选取要检索的字段名，并输入检索词，可以选择的检索字段有书名、责任者、主题/关键词、摘要、出版社、出版日期、中图法分类号和ISBN号。

第二步："并且""或者"组配。

第三步：点击【检索】按钮，即可完成检索。

（4）书内检索

经分类检索、简单检索或高级检索，查询到一本图书后，可使用"书内检索"检索书内容。检索步骤如图4-2-9所示。

第一步：输入检索词。

第二步：点击"检索"。

第三步：查阅该书某页码内容。

4. 检索实例

【检索实例1】在方正阿帕比（Apabi）数字资源平台中查询我国的棋王传记图书。

【检索步骤】第一步：选择"历史、地理"目录，可逐级点击，由"历史、地理—传记—中国人物传记"进入子目录；

第二步：页面右边出现该子目录"中国人物传记"下的馆藏书籍，如图4-2-10所示。

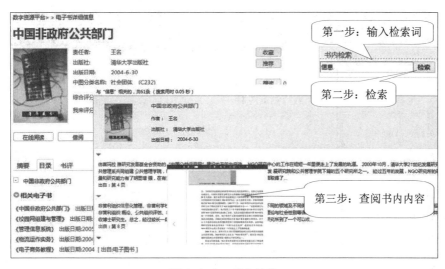

图4-2-9　书内检索

图4-2-10　检索实例1第一步、第二步

第三步：选择要浏览的图书《中国历代棋王传》，可以在线阅览、借阅下载，如图4-2-11所示。

【检索实例2】借阅由复旦大学出版社出版、季建林写的《医学心理学》一书。

【检索步骤】点击主页右上方的"高级检索"链接，进入高级检索页面。

第一步：先选取要检索的字段名"出版社""责任者""书名"，并分别输入检索词"复旦大学出版社""季建林""医学心理学"；

第二步：选择"并且"组配前面输入的3个检索词，点击"检索"按钮，查到所需图书，如图4-2-12所示。

在本题中可获得较多图书信息，包括出版社、作者、书名，因此，采用高级检索方式比较合适。

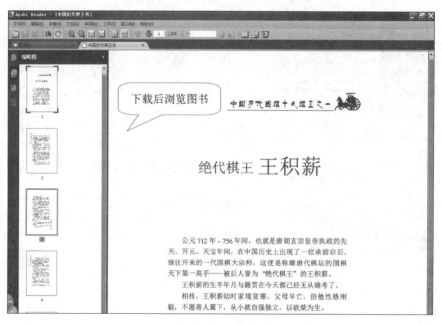

图4-2-11 检索实例1第三步

图4-2-12 检索实例2第一步、第二步

第三步：点击书名，进入详细信息页面；点击"借阅"完成下载，在"个人图书馆"中还可以还书、续借、预约，如图4-2-13所示。

图4-2-13 检索实例2第三步

思考与练习

一、判断题

1. 方正阿帕比（Apabi）数字图书采用CEB格式。除使用专用软件Apabi Reader阅读图书全文外，也可使用其他电子书阅览器阅读图书全文。（   ）

2. 在方正阿帕比（Apabi）数字资源平台借阅的电子图书，借阅时间无限期。（   ）

3. 方正阿帕比阅览器的组成包含Apabi Reader、整理夹、RSS阅览器。（   ）

4. 在方正阿帕比（Apabi）数字资源平台检索电子图书时可用中图法分类号检索。（ ）

5. 方正阿帕比（Apabi）数字资源平台的电子书不能在图书内检索。（ ）

二、选择题（单选或多选）

1. 方正阿帕比（Apabi）数字资源平台提供检索方式有（ ）。
   A. 简单检索   B. 高级检索
   C. 书中检索   D. 分类检索
   E. 二次检索

2. 方正阿帕比（Apabi）数字资源平台分类检索包括（ ）。
   A. 中图法   B. 热门出版社
   C. 热门作者   D. 在书中检索

3. 方正阿帕比（Apabi）数字资源平台简单检索提供检索字段有（ ）。
   A. 摘要   B. 全文
   C. 责任者   D. 出版社
   E. 中图法分类号

4. 方正阿帕比（Apabi）数字资源的电子图书借期是（ ）。
   A. 5个月   B. 4个月
   C. 7天   D. 因书而异

5. 方正阿帕比（Apabi）数字资源平台借阅的电子图书只能在（ ）设备上续借和归还。
   A. 3台   B. 两台
   C. 任意台   D. 同一台

三、填空题

1. 方正电子图书为 _____ 的图书，可输入任意知识点或全文中的任意单词检索。

2. 要使用方正阿帕比（Apabi）数字资源平台中"我的图书馆"功能，用户必须先 _____ 。

3. 检索到一本图书，想进一步查询含有某检索词的章节，可选择 _____ 检索方式。

4. 借阅的资源只能在 _____ 设备上续借和归还。

5. 读者可在 _____ 查询个人借阅信息。

四、简答题

1. 在方正阿帕比（Apabi）数字资源平台中查询我国的一些历史人物传记图书，并简述检索步骤和检索结果。

2. 请简述方正阿帕比（Apabi）数字资源平台的检索方式有哪些。

3. 简述方正阿帕比（Apabi）数字资源平台的登录方式有哪些。登录方式不同，可使用的平台功能有何异同？

第三节　常用国外电子图书数据库

一、Springer Link电子图书概况

Springer成立于1842年，目前是全球最大的科学、技术和医学图书出版商之一，它与世界各地300余家学术学会和专业协会合作，提供一系列的在线产品和服务。

Springer Link是全球最大的在线科学、技术和医学（STM）领域学术资源平台。Springer的电子图书数据库包括各种的Springer图书产品，如专著、教科书、手册、地图集、参考工具书、丛书等。

二、Springer Link电子图书的检索功能概述

1. Springer Link的检索语法

Springer Link支持下列逻辑算符、位置算符、截词符等。

① 逻辑算符。AND（表示逻辑与）、OR（表示逻辑或）、NOT（表示逻辑非）。注意，输入时必须用大写。在混合检索中，逻辑算符执行的优先顺序为：NOT、OR、AND。

② 位置算符：NEAR（表示两个词邻近，词序可颠倒），例如，A NEAR B表示A在文本中位于B左右两侧10个单词范围内；缩检的方式有ONEAR（表示两个词紧紧相邻，词序不可颠倒）；NEAR/n，n取值为任意数字，例如NEAR/4，表示NEAR左右两边的词在相距4个单词范围内。注意，输入时必须用大写。

③ 截词符：?（表示任意一个字母）、*（表示无穷多个字母）。注意：检索时，截词符用于已知检索词前边3个字母时效果最好，例如，hea?，或hea*。

④ 其他："" 引号内表示一个词组。

2. Springer Link的检索方法

Springer Link提供新检索、高级检索、图书预览、在本书中检索4种方式。登录Springer Link首页（link.springer.com/），首先显示的是新检索界面。在页面的右上角，提供了界面语种选择，有英语、德语两种语言供选择；同时也提供了用户对象选择，有企业版和学术版两种选择；在页面的左下角"Our Content"选项，可分别选择期刊、图书、协议、丛书、参考工具书5种检索内容。本书选择了英语学术版界面，检索内容为图书。

（1）新检索（New Search）

如图4-3-1所示，新检索仅提供一个检索输入框，却可以输入任意检索词或检索式，输入检索词，点击 即可获得检索结果。如果检索结果较多，可再选择图书所属学科和语种限定，也可以通过 选择检索结果不

包括预览内容的方式，缩小检索结果。检索图书的语种主要包含English（英语）、German（德语）、Dutch（荷兰语）、French（法语）、Italian（意大利语）等5种语言。

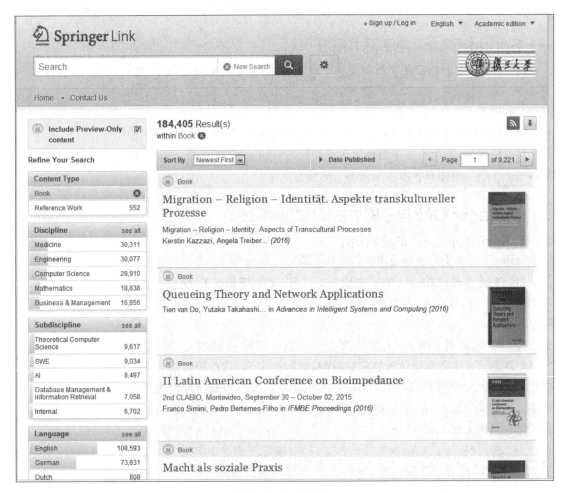

图4-3-1　新检索

（2）高级检索（Advanced Search）

在Springer Link首页，点击新检索框旁边的 ✱，点击高级检索链接，则显示高级检索的界面，如图4-3-2所示。

高级检索界面提供了7个检索输入框。第一个输入框默认所有输入的检索词之间是AND的关系，即所有检索词必须同时出现在检索结果内。例如，在检索框内输入matrix theory，等同于matrix AND theory的检索结果；

第二个输入框默认输入检索词为词组。例如，在检索框内输入matrix theory，等同于matrix theory；

第三个输入框默认所有输入的检索词之间是OR的关系，即检索结果只要包含其中一个检索词即可。例如，在检索框内输入matrix theory，等同于（matrix OR theory）的检索结果；

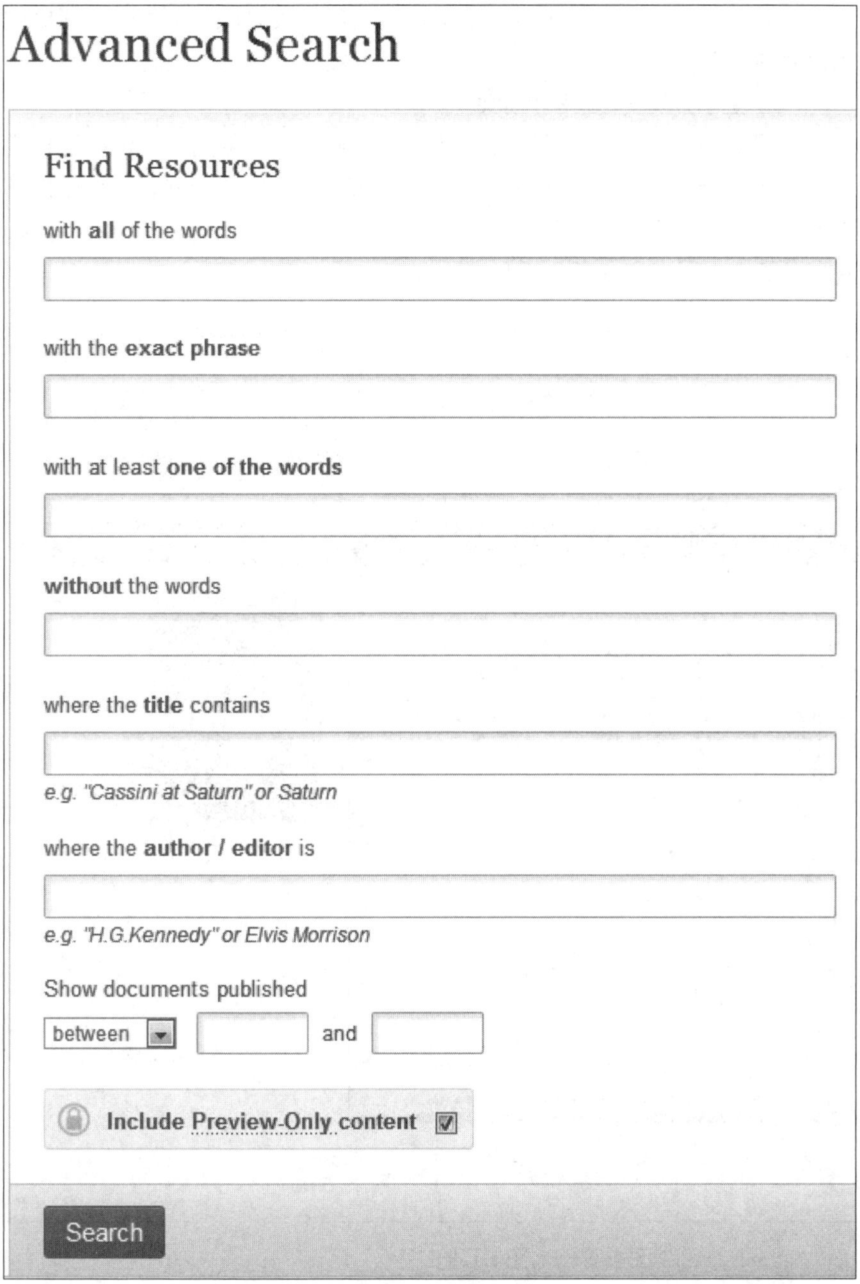

Advanced Search

Find Resources

with **all** of the words

with the **exact phrase**

with at least **one of the words**

without the words

where the **title** contains

e.g. "Cassini at Saturn" or Saturn

where the **author / editor** is

e.g. "H.G.Kennedy" or Elvis Morrison

Show documents published
between [ ] [ ] and [ ]

🔒 Include Preview-Only content ☑

Search

图 4-3-2　高级检索

第四个输入框用来检索不含输入词的文献。例如，在第三个输入框中输入 matrix theory，同时在第四个输入框中输入 density，等同于'（matrix OR theory）AND NOT（density）'的检索结果；

第五个输入框提供标题检索，检索词必须出现在书名当中。例如，输入"matrix theory"，检索得到的图书书名中均须含有"matrix theory"。

第六个输入框提供作者检索，可以输入作者的全名或缩写形式检索。

最后一个输入框可以限定图书的出版时间。可以限定检索某一段时间内出版的图书。

（3）**图书预览**（Look Inside）

如图4-3-3所示，在新检索或高级检索界面，均可选择"包括预览内容"，检索结果中将包括未订购电子图书。任意打开一本尚未订购电子图书页面，在图书封面图片和各章节标题下方都可以点击"Look Inside"链接，免费预览整本图书和各章节的1-2页。

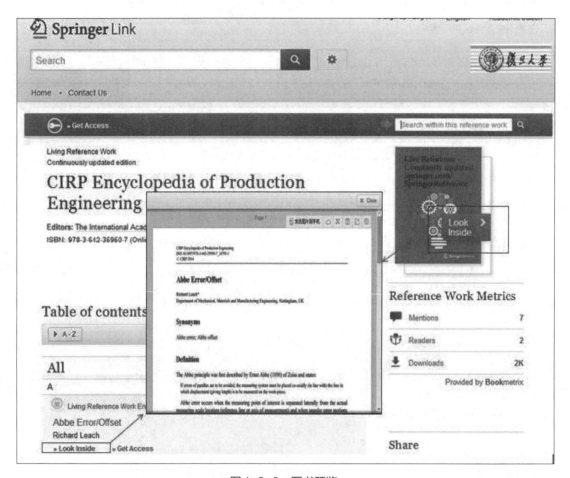

图4-3-3　图书预览

（4）**在本书中检索**

检索到一本已订购图书后，打开这本书的页面，在图书封面图片上方，可以看到"在本书中检索"输入框，输入检索词，点击，检索结果包含所输入词的该书各章节，如图4-3-4所示。

三、Springer Link的图书阅读

如图4-3-5所示，在检索结果页面，右栏显示命中的记录。点击某一本书的封面图片或书名，打开该书页面。

图4-3-4 在本书中检索

图4-3-5 检索结果

方式一：点击右侧图书封面图片上的"Look Inside"，即可在线阅读该书，如图4-3-6所示。

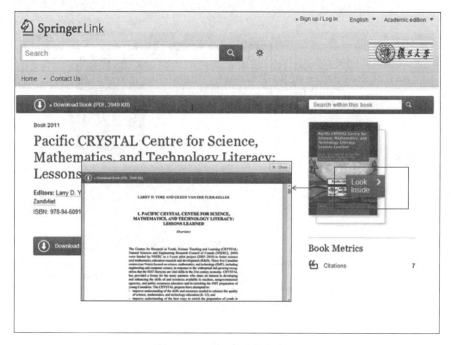

图4-3-6　阅读图书方式一

方式二：点击图书题名上、下方的 ，即可在线阅读该书，如图4-3-7所示。

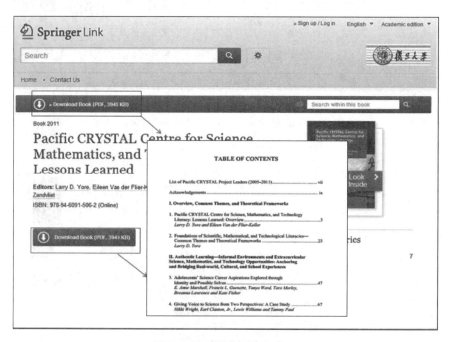

图4-3-7　图书阅读方式二

方式三：点击某一图书章节题名下的"Download PDF"链接，可在线阅读该章节，如图4-3-8所示。

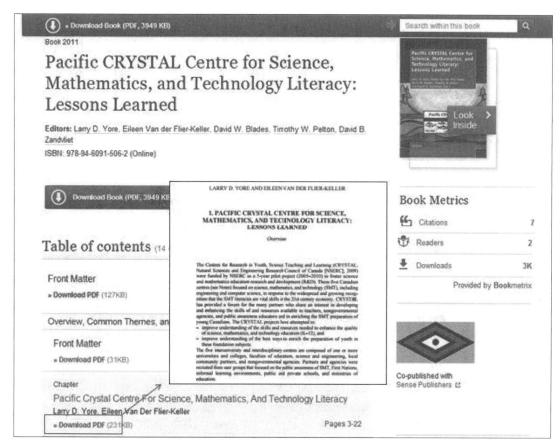

图4-3-8　图书阅读方式三

后两种在线阅读方式均可以利用阅读页面上的浮动工具栏 ，调节阅读显示，可进行全屏、居中、缩小、放大操作，可以下载或打印。

四、检索实例

【检索实例】查询有关机器人设计（robot design）方面，且出版于2010—2015年的图书。

【检索步骤】如图4-3-9、图4-3-10所示。

第一步：在Springer Link首页，点击新检索框旁边的 ，进而点击高级检索链接，进入高级检索界面。

第二步：选择第一检索框，并输入"robot design"；

第三步：在"出版年份"栏，选择between，并分别输入"2010""2015"；

第四步：点击"检索"按钮，初次检索；

第五步：在初次检索结果页面左侧"内容类型"栏，选择"Book"（图书）。

图4-3-9　检索实例的高级检索界面

图4-3-10　检索实例的检索结果

思考与练习

一、判断题

1. Springer Link在混合检索中，逻辑算符执行的优先顺序为NOT、OR、AND。（　）

2. Springer Link提供新检索、高级检索、图书预览3种检索方式。（　）

3. 打开图书页面，只要点击右侧图书封面图片上的"Look Inside"就可以在线阅读整本书。（　）

4. Springer Link高级检索界面提供了7个检索输入框。第一个输入框默认所有输入的检索词之间是OR的关系，例如在检索框内输入matrix theory，等同于'matrix OR theory'的检索结果。（　）

5. Springer Link的电子图书只可以在线阅览，不能下载并存储到本地电脑。（　）

二、选择题

1. Springer Link支持下列逻辑算符、位置算符、截词符（　　）。

　　A. AND　　　　　　B. NOT
　　C. NEAR　　　　　 D. ??
　　E. *

2. Springer Link提供检索方式有（　　）。

　　A. 新检索　　　　　B. 高级检索
　　C. 图书预览　　　　D. 在书中检索

3. 当检索结果特别多，Springer Link 提供缩检方式有（　　）。

　　A. 去除预览内容　　B. 内容类型
　　C. 学科　　　　　　D. 语种
　　E. 出版年代

4. Springer Link在检索结果页面，右栏显示命中的记录。点击某一本书的封面图片或书名链接即打开该书页面。阅读图书的方式有点击（　　）。

　　A. "Look Inside"　　B. Download Book (PDF, 3649 KB)
　　C. 章节题名下有 » Download PDF 链接

5. Springer Link高级检索界面提供检索方式有（　　）。

　　A. 作者　　　　　　B. 书名
　　C. 词组　　　　　　D. 出版年代
　　E. ISBN号

三、填空题

1. NEAR/3 表示NEAR左右两边的词在相距3个 _____ 范围内。

2. 检索时，用 _____ 表示一个词组。

3. 检索到一本图书，想进一步查询含有某检索词的章节，可选择 _____ 检索方式。

4. 在新检索或高级检索界面，均可选择 _____，检索结果中将包括尚未订购电子图书。

5. Springer Link高级检索界面一共提供了7个检索输入框。在第三个输入框中输入Crystal Field，同时在第四个输入框中输入metals，等同于综合检索式_____的检索结果。

四、简答题

1. 请查询有关量子计算机（quantum computer）且出版于2010—2015年的图书，并简述检索步骤和检索结果。

2. 请简述Springer Link的检索方式有哪些。

3. Springer Link支持哪些逻辑算符？在混合检索中，逻辑算符被执行的优先顺序是怎样的？

第五章

网络信息资源检索

第一节 概 述

一、网络信息检索的发展

因特网（Internet）是一个全球性的信息通信网络，通过标准通信方式（TCP/IP协议），把分布于世界各地不同结构的计算机网络，用各种传输介质互相连接起来的网络体系。组成Internet的计算机网络包括局域网（LAN）、城域网（MAN）、广域网（WAN）。Internet起源于美国的ARPANET计划，其目的是建立分布式的、存活力强的全国性计算机信息网络。ARPANET基于分组交换的概念，在网络建设和应用发展的过程中逐步产生了TCP/IP这一广泛应用的网络标准。以ARPANET为主干网的Internet产生于1983年，随着TCP/IP协议被人们广泛接受和UNIX操作系统的发展，越来越多的计算机连接到Internet上。目前，Internet已经成为全世界最大的计算机互联网。用户遍布全球，数量巨大且增长迅速。由此可见，Internet必将迅速覆盖全球并对人类生活产生深远影响。

Internet是一个面向公众的社会性免费组织，信息资源的全球交流与共享通过网络变为现实。随着Internet的迅猛发展和广泛应用，网上信息资源的数量、种类以前所未有的速度不断增加，从新闻、商业信息、各种软件、数据库，到图书馆资源、国际组织和政府出版物等，信息存贮和检索的地

> 正是因为采用具有扩展性的通信协议TCP/IP，才能够将不同网络相互连接。因此，开发TCP/IP协议的UCLA（加州大学洛杉矶分校）的学生（当时）文顿·瑟夫（Vinton G. Cerf）等如今被誉为"互联网之父"。

111

理界限已被打破，所有的用户都能通过计算机网络随意查询分布于世界各地的各种数据、图表、文献信息。Internet已经成为世界范围内传播商业、科研、教育和社会信息的最主要的渠道。只要用户知道信息资源的服务器地址和访问资源的方式，并有访问资源的权限，就可以获得相关信息资源。

随着Internet的广泛普及，人们越来越多地从Internet中获取所需要的信息，Internet已经成为人们工作、生活和交流的必不可少的工具。由于Internet没有统一的网络管理机构、统一的资源管理机构及统一的信息检索标准，要从Internet浩瀚、分散、无序而且动荡的信息海洋中，准确、及时、方便、有效、迅速地查找和获取所需的信息资源，并不是一件容易的事，犹如大海捞针，往往使用户望洋兴叹、一筹莫展。因此从20世纪80年代起人们就开始致力于网络信息检索的研究与检索工具的开发，开发了诸如Archive、WAIS、Veronica等检索工具，到90年代中期起又出现了检索互联网信息资源的搜索引擎技术，成为网络信息检索的主要途径。随着网络技术的不断发展，搜索引擎技术及相关网络检索工具也在不断地优化、改进，使用户可以更容易地获取所需要的网络信息资源。

二、网络信息检索的特点

网上的资源超乎想象的丰富，其信息不仅包括目录、索引、全文等，还包括程序、声音、图像等各类文件和多媒体信息，信息内容包括社会、经济、政治、军事、科技、文化教育、国际贸易、娱乐等。网络信息检索将这些内容按一定的方式组织、存贮并根据用户的需求找出相关信息。网络信息资源在数量、结构、分布和传播范围、类型、控制机制和传递手段方面都与传统的信息资源有显著的差异，呈现出新的特点。信息检索的特点主要有以下几点：

1. 分布地域广，检索范围广泛、全面

Internet是一个全球性的网络，信息资源分布在世界各地的各台主机上，任何网络，包括企业网、校园网，甚至国家网，只要通过节点接入Internet，整个子网就成为Internet的一部分，网上用户就可以通过计算机和Internet共享这些信息资源或者交换信息。因此Internet信息检索的范围几乎覆盖Internet上所有的资源，可供检索的资源包括大量的主页、多种报纸、全文期刊、各种组织机构发布的信息、用户新闻以及原始技术报告等，可检索的信息资源空前丰富。通过网络的连接，世界各地的用户可以不受时间和空间的限制，在互联网上发布各种信息资源。

2. 超文本检索，具有交互式作业的特点

Internet上的信息资源的存贮和处理一般采用超文本、多媒体和超媒体形式，信息资源传播的方式是"人-机"交互式的，检索的结果是完全可以直接阅读和利用的Web页面的文献全文，而且只需要简单地用鼠标点击，即可随意浏览，从多方面贴近人们的生活，可随时调用、检索和存储信息，具有很强的活力和表现力。

超文本形式的信息资源是通过网上各节点的链路把相关信息或图标有机地连接成一个网状结构。用户在阅读这种文档时，不必按从头到尾顺章逐句的传统方式去获取信息，只需用鼠标在其上轻轻一点，即可在文档里从任何一个节点开始阅读，从不同角度检索到感兴趣的信息。

多媒体形式的信息资源是包括文字、图像和声音、动画、影视等在内的各种信息表达或传播形式的总称。它提供的信息集图、文、声于一体，可以为用户提供文本、图像、声音信息及其组合。

超媒体形式的信息资源是超文本和多媒体技术的组合。在超媒体里不仅可以链接文本文档，还可链接其他形式的图形、图像、声音或影视动画等多媒体信息。

3. 检索内容新、实时性强，传播速度快

因为Internet采用先进技术存贮数字化信息，进行高速度大容量信息传输，具有即时传播的特点，通过网络传播的信息资源可以在第一时间被广大用户使用。目前因特网已经超过报纸、电视，成为获取信息最快捷的媒体。

4. 检索途径多，操作方便、灵活

Internet提供多种信息检索工具，主要有WWW浏览器、E-mail、WAIS、Gopher、Archie、BBS、FTP、Telnet等，其中WWW的用户界面极为友好、直观，并且对用户屏蔽了网络的各种物理差异，使用户在操作时感到相当方便。此外，Internet还提供功能强大的各种类型搜索引擎，极大地方便了网络信息的检索。

5. 检索界面友好，操作简单、易行

Web信息检索工具界面丰富、友好，使用户的检索相当方便，十分易于操作。Web信息检索途径较多，甚至还可按相关性程度对检索结果进行排序输出。检索时，只需按一定规则输入检索式（检索式的构造较为简单，检索词之间的关系主要包括布尔逻辑和位置逻辑关系），在发出检索命令后即可获得检索结果。通常检索结果包括文献页面的题名、内容简介、URL地址等，并可据此获得更详细的超文本页面。Web信息检索还屏蔽了网络各种硬件系统、软件平台之间的差异，以及主机的地理位置、信息的储存方式和通信协议的差异等。

三、网络信息检索的一般方法

1. 网络信息检索的方法

Internet有许多检索工具，为查询信息提供了诸多途径，使得网络信息检索有章可循，大大提高了检索效率。不同的检索工具都有各自不同的数据库、算法、检索功能及显示方式，但其信息检索的方法一般有以下几种：

（1）浏览

用户通常会将一些常用的、优秀的网络资源站点地址记录下来，方便以后的信息检索。

通常使用浏览器的收藏夹功能，将常用的或者喜欢的网站地址存放在一个文件夹里，想用的时候可以随时打开。

（2）通过网络资源指南查找相应的信息

该方法是利用网站工作人员手工编制和维护的网络资源主题指南来浏览和检索网上的信息资源。它是由人工建立的、结构化的Internet网址主题类别和子类别，按照特定的顺序（字母、时间、地点、主题等）排列。用户通过分类范畴表，逐级浏览网络站点列表，就可以检索到相关信息。由于信息的收集、过滤、组织编排、网页制作以及信息注解等标引工作需要靠人工来完成，因此收录的信息数量相对不足，而且由于分类的限制很难检索到较专深的信息，难以控制主题等级类别的质量，信息更新速度相对较慢，但人工干预提高了主题指南返回结果的准确性和相关性。

（3）利用网络信息检索工具进行信息检索

网络信息检索工具是较为常规、普遍的网络信息资源检索方式。不同类型的资源需要使用不同类型的网络信息检索工具，极大地方便了网络信息的检索。

2. 网络信息检索的步骤

面对数量众多的网络资源，要准确、高效地获取所需信息，需要制定基本的检索策略，按照一定的步骤执行。网络信息检索的一般步骤如下：

（1）确定网络信息资源的位置。

（2）选择合适的检索工具。

（3）使用相对应的检索方法。

（4）浏览、过滤获得的所有检索结果，选取正确的信息保存。

如果已知所需信息的网址，可以通过网址直接访问相关站点，然后通过站点内的搜索工具或导航工具查找所需信息。如果对所需信息的网址不确定，可以使用相关的检索工具（搜索引擎），在检索文本框中输入所需信息的关键词检索，获得信息线索后，再进入包括相关内容的网页，获得最终的信息。

3. 网络信息服务工具

Internet信息检索技术发展非常迅速，尤其是Web化的搜索方式正在成为普遍的检索模式并构成当今信息检索的基本方法，具体表现为各种搜索引擎（Search Engine）的应用。搜索引擎是Internet上具有查询功能的网页的统称。Internet提供两大类信息检索服务：一类是传统的基本网络信息检索服务，包括电子邮件（E-mail）、文件传输（FTP）、远程登录（Telnet）和基于电子邮件的一系列扩展服务，如电子公告板（BBS）、网络新闻组（Usenet）等；另一类是帮助用户查找网上信息的服务。

（1）远程登录（Telnet）

远程登录是Internet提供的最基本的信息服务之一，是在网络通讯协议Telnet（Telecommunication Network Protocol）的支持下，使本地计算机暂时成为远程计算机的仿真终端。在远程计算机上登录，必须事先成为该计算机系统的合法用户并拥有相应的账号和口令。登录时要给出远程计算机的域名或IP地址，并按照系统提示，输入用户名及口令。登录成功后，用户便可以实时使用远程计算机对外开放的功能和信息资源,如共享它的软件、硬件资源和数据库,使用其提供的Internet的信息服务,如E-mail、FTP、Archie、Gopher、WWW、WAIS等。

(2)**文件传输服务**(FTP)

文件传输是在网络通讯协议FTP(File Transfer Protocol,文件传输协议)的支持下实现的一种本地计算机和远程服务器之间的文件传送。FTP是实现文件传输的主要工具,用户可使用FTP,将存放在异地计算机上的文件下载到自己的计算机上,也可向远程计算机上传各种信息资料,还可以利用各种索引服务来查找所需的信息资料,因此FTP对于传递共享软件和公用信息资源具有很高的实用价值。

使用FTP可以传送任何类型的文件,如文本文件、图像文件、声音文件、二进制文件、数据压缩文件等。使用FTP服务,用户首先要登录到对方的计算机上,并键入相应的用户名和口令。访问FTP服务器有两种方式:注册用户登录到FTP服务器和匿名登录到FTP服务器。

(3)**电子邮件服务**

电子邮件(E-mail)是Internet使用最广泛、用户数量最多的一种网络服务,是用户或用户组之间通过计算机网络接收或发送文字、图像和语音等多种形式的信息服务。目前,电子邮件已成为网络用户之间彼此传递信息的快速、简便、可靠且成本低廉的现代通信手段。

电子邮件与传统邮件比有传输速度快、内容和形式多样、使用方便、费用低、安全性好等特点。

使用电子邮件服务的前提是拥有自己的电子信箱,一般又称为电子邮件地址(E-mail Address)。电子信箱是提供电子邮件服务的机构为用户建立的,实际上是该机构在与Internet联网的计算机上为分配的一个专门用于存放往来邮件的磁盘存储区域,这个区域由电子邮件系统管理。

(4)**网络新闻服务**(Usenet)

网络新闻(Network News)是通过Internet提供新闻组专题讨论服务的一种应用软件。在这个服务体系中,有众多的新闻组服务器,接收和存储有关主题的消息,供用户查阅。Usenet实质上是对某一主题感兴趣、具有共同爱好的Internet用户相互交换意见的一种全球范围的电子公告牌(BBS)。

(5)**文档查询索引服务**(Archie、WAIS)

Archie是Internet用来查找标题满足特定条件的所有文档的自动搜索服务工具,帮助用户在遍及全世界的FTP服务器中寻找文件。Archie Server又称作文档查询服务器。用户只要给出所要查找文件的全名或部分名字,文档查询服务器就会指出在哪些FTP服务器上存放着这样的文件。

WAIS(Wide Area Information Service)称为广域信息服务器,是数据库索引查询服务。Archie查询的是文件名称,不涉及文件的内容;而WAIS则是寻找独立文档全文中所包含的信息,即在包含索引文档的数据库上进行全文本的检索。因此,如果需要查找包含在文件中的信息,WAIS便是一个较好的选择。

（6）信息浏览服务（Gopher、WWW）

Gopher是基于菜单驱动的Internet信息查询工具，通过各级菜单的指引来完成访问，而无需知道信息的存放位置和掌握相关的操作命令。其最大优点是信息资源的存放地址和存储方式对用户完全透明。

WWW（World Wide Web，万维网）是Internet上发展最快也是最有发展潜力的多媒体信息查询工具。WWW将Internet上不同网址的相关数据信息有机地编织在一起，通过浏览器（Browser）提供友好的查询界面，帮助用户在Internet上通过简单的操作，以统一的方式获取不同地点、不同存取方式、不同检索方式以及不同表达形式的丰富的信息资源。WWW采用了超文本与超媒体的技术，以多媒体形式向用户展示丰富的信息，通过超文本和超媒体的链接功能，直观地引导用户获取所需的信息资源。另外，WWW仍可向用户提供Telnet、FTP、Gopher、Usenet、E-mail等传统的Internet服务。

WWW与Gopher的最大区别是：Gopher搜索的是菜单和目录，不能传送声音、图像等多媒体信息，而WWW则是建立在超文本、超媒体技术上，展示给用户的是集文字、图形、图像、声音于一体的丰富的网络资源。

> Gopher的衰落和WWW的迅猛发展，使所有Internet功能都有被WWW兼并之势，WWW已成为Internet的主导功能。

思考与练习

一、判断题

1. 目前广域网已经成为全世界最大的计算机互联网。（　　）
2. Internet具有统一的网络管理机构、统一的资源管理机构和统一的信息检索标准。（　　）
3. Internet上的信息资源的存储和处理一般采用超文本、多媒体和超媒体形式，其传播方式是"人–机"交互式的。（　　）
4. 使用文件传输可以传送任何类型的文件。（　　）
5. Internet又称互联网、万维网。（　　）

二、选择题

1. 网络新闻组通常又称作（　　）。
   A. E-mail　　　　　　　B. Telnet
   C. Usenet　　　　　　　D. BBS
2. WWW（World Wide Web）又称为（　　）。
   A. 局域网　　　　　　　B. 城域网
   C. 广域网　　　　　　　D. 万维网
3. 以下属于传统网络信息服务工具的是（　　）。
   A. 电子邮件（E-mail）　B. 文件传输（FTP）
   C. 电子公告板（BBS）　D. 以上都是

三、填空题

1. Internet是一个全球性的信息通信网络，是通过_____协议把分布于全世界各地不同结构的计算机网络用各种传输介质互连起来的网络体系。

2. 组成Internet的计算机网络包括局域网、城域网和_____。
3. 与其他检索方法相比，_____最大的特点是需要人工干预。
4. 搜索引擎的信息采集方式包括人工采集和_____两种方式。
5. 搜索引擎按其工作方式可分为3种，分别是全文搜索引擎、_____和_____。

四、简答题
1. 请简述网络信息检索的特点。
2. 请简述网络信息检索的步骤。

第二节　基于搜索引擎的网络信息检索

一、搜索引擎概述

为了便于利用网上信息资源，需要对网上信息资源进行有效地组织与管理，而搜索引擎就是标引和检索网上各种信息资源的工具。

1. 搜索引擎的定义

搜索引擎是对标引和检索互联网各种信息资源工具。搜索引擎使用自动索引软件来采集、发现、收集并标引网页、建立数据库，以WWW网页形式提供给用户一个检索界面，供用户通过关键词、词组或短语等检索项检索。搜索引擎本身也是一个WWW网站。与普通网站不同的是，搜索引擎的主要资源是描述互联网资源的索引数据库和分类目录，为人们提供搜索互联网信息资源的途径。它可以代替用户在数据库中查找，根据用户的查询要求在索引库中筛选满足条件的网页记录，并按照其相关度排序输出，或根据分类目录一层层浏览。搜索引擎包含了极其丰富的网上资源信息，对用户的检索响应速度极快，每次检索一般只要几秒钟。但由于搜索引擎人工干预过少，大多采用自然语言标引和检索，没有受控词，因此信息查询的命中率、准确率、查全率较差，往往是输入一个检索式，得到大量网页地址，检索结果中可能掺杂很多冗余信息。

2. 工作原理

搜索引擎的工作原理主要可以概括为以下3个过程：

（1）信息采集与存储

信息采集包括人工采集和自动采集两种方式。人工采集由专门的信息人员跟踪和选择有用的WWW站点或页面，并按规范方式分类标引并组建成索引数据库。自动采集是通过自动索引软件（Spider、Robot或Worm）来完成的。Spider、Robot或Worm在网络上不断搜索相关网页来建立、维护、更新索引数据库。自动采集能够自动搜索、采集和标引网络上众多站点和页面，并根据检索规则和数据类型对数据进行加工处理，因此它收录、加工信息的范围广、速度快，能及时地向用户提供Internet中的新增信息，告

117

诉用户包含这个检索提问的所有网址，并提供通向该网址的链接点，检索比较方便。

（2）建立索引数据库

信息采集与存储后，搜索引擎要整理已收集的信息，建立索引数据库，并定时更新数据库内容。索引数据库中每一条记录基本上对应一个网页，记录包括关键词、网页摘要、网页URL等信息。由于各个搜索引擎的标引原则和方式不同，所以即使是对同一个网页，它们的索引记录内容也可能不一样。

索引数据库是用户检索的基础，它的数据质量直接影响检索效果，数据库的内容必须经常更新、重建，以保证索引数据库能准确反映网络信息资源的最新状况。

（3）检索界面的建立

每个搜索引擎都必须向用户提供良好的信息查询界面，接收用户在检索界面中提交的搜索请求；搜索引擎根据用户输入的关键词，在索引数据库中查找，把查询命中的结果（均为超文本链接形式）通过检索界面返回给用户；用户只要通过搜索引擎提供的链接，就可以立刻访问到相关信息。

3. 搜索引擎的基本检索功能

大多数搜索引擎都具备基本的检索功能，如布尔逻辑检索、词组检索、截词检索、字段检索等。

（1）布尔逻辑检索

所谓布尔逻辑检索，就是通过标准的布尔逻辑关系运算符来表达检索词与检索词间逻辑关系的检索方法。主要的布尔逻辑关系运算符有：

① AND关系，称为逻辑与，用关系词AND来表示，要求检索结果中必须同时包含所输入的两个关键词。

② OR关系，称为逻辑或，用关系词OR来表示，要求检索结果中至少包含所输入的两个关键词中的一个。

③ NOT关系，称为逻辑非，用关系词NOT来表示，要求检索结果中包含第一个关键词但不包含所输入的第二个关键词。

（2）词组检索

词组检索是将一个词组（通常用双引号" "括起）当作一个独立的运算单元进行严格的匹配，以提高检索的精度和准确度，这也是搜索引擎检索中常用的方法。

（3）截词检索

截词检索指在检索式中使用截词符代替相关字符，扩大检索范围。截词检索也是一般搜索引擎检索中的常用方法，在搜索引擎中常用的截词符是星号"*"，通常使用右截断。如输入"comput*"，将检索出computer、computing、computerised、computerized、computerization等词汇。

（4）字段检索

搜索引擎提供了许多带有网络检索特征的字段型检索功能，如主机名

布尔逻辑检索在搜索引擎中使用相当广泛，但在不同的搜索引擎中，布尔逻辑关系运算符检索功能的实现与使用有差异，表现为：

① 受支持程度不同：有的搜索引擎完全支持布尔检索，如Infoseek、Excite等，有的搜索引擎则部分支持布尔检索，如Yahoo，不支持布尔关系NOT的检索。

② 表示布尔运算的方式不同：大部分搜索引擎直接采用布尔逻辑关系运算符AND、OR、NOT运算，也有的搜索引擎采用"+"表示布尔关系AND，用"—"表示布尔关系NOT，默认值为布尔关系OR。

（host）、域名（domain）、统一资源定位地址（URL）等，用于限定检索词在数据库中出现的区域，以控制检索结果的相关性，提高检索效果。

（5）自然语言检索

自然语言检索指用户在检索时，直接使用自然语言中的字、词或句子，组成检索式检索。自然语言检索使得检索式的组成不再依赖于专门的检索语言，使检索变得简单而直接，特别适合不熟悉检索语言的一般用户。

（6）多语种检索

提供不同的语种的检索环境供用户选择，搜索引擎按照用户设定的语种检索并返回检索结果。

（7）区分大小写检索

主要针对检索词中有西文字符、人名、地名等专有名词时，区分其字母大小写的不同含义。区分大小写检索，有助于提高查准率。

4. 搜索引擎的类型

随着Internet的技术的发展与应用水平的提高，各种各样的搜索引擎层出不穷。为了帮助用户准确、快捷、方便地在纷繁、浩瀚的信息海洋里查找到自己所需的信息资源，网络工作者为各类网络信息资源研制了相应的搜索引擎。搜索引擎按其工作方式主要可分为3种：

（1）全文索引型搜索引擎（Full Text Search Engine）

全文索引型搜索引擎处理的对象是所有网站中的每个网页。每个全文索引型搜索引擎都有自己独有的搜索系统和一个包容因特网资源站点的网页索引数据库。其数据库最主要的内容由网络自动索引软件建立，不需人工干预。网络自动索引软件自动在网上漫游，不断收集各种新网址和网页，形成数千万甚至亿万条记录的数据库。用户在搜索框中输入检索词或检索表达式后，每个搜索引擎都以其特定的检索算法在其数据库中找出与用户查询条件匹配的相关记录，按相关性大小顺序排列并将结果返回给用户。用户获得的检索结果并不是最终的内容，而是一条检索线索（网址和相关文字），通过检索线索中指向的网页，用户可以找到和检索内容匹配的内容。可以说它是真正的搜索引擎。全文索引型搜索引擎具有检索面广、信息量大、信息更新速度快等优点，非常适用于特定主题词的检索。但在检索结果中会包括一些无用信息，需要用户手工过滤，这也降低了检索的效率和检索效果的准确性。

（2）分类目录型搜索引擎

分类目录型搜索引擎（Search Index/Directory Search Engine）按类别编排Internet站点的目录，由网站工作人员在广泛搜集网络资源并在人工加工整理的基础上，按照某种主题分类体系编制一种可供检索的等级结构式目录。在每个目录分类下提供相应的网络资源站点地址，使因特网用户能通过该目录体系的引导，查找到和主题相关的网上信息资源。

分类目录型搜索引擎收录网站时，并不像全文索引型搜索引擎那样把所有的内容都收录进去，而是首先把该网站进行类别划分，只收录摘要信息。

分类目录型搜索引擎的主要优点是所收录的网络资源经过专业人员的人工选择和组织，可以保证信息质量，减少了检索中的"噪声"，从而提高了检索的准确性；不足之处是人工收集整理信息，需花费大量的人力和时间，难以跟上网络信息的迅速发展。此外，信息的范围比较有限，其数据库的规模也相对较小，因此其搜索范围较小。这类搜索引擎没有统一的分类标准和体系，如果用户对分类的判断和理解与搜索引擎有偏差，将很难找到所需要的信息，而查询交叉类目时更容易遗漏。这成为制约分类目录型搜索引擎发展的主要因素。

（3）**多元搜索引擎**（Meta Search Engine）

多元搜索引擎又称集合式搜索引擎，它将多个搜索引擎集成在一起，向用户提供统一的检索界面，将用户的检索提问同时发送给多个搜索引擎以同时检索多个数据库，并将它们反馈的结果处理后提供给用户，或者让用户选择其中的某几个搜索引擎工作。使用多元搜索引擎，省时、省力，因而该类搜索引擎又称为并行统一检索索引，即用户输入检索词后，该引擎自动利用多种检索工具同时检索。

多元搜索引擎的最大优点就是省时，不必就同一提问一次次地访问所选定的搜索引擎，也不必每次均输入检索词等，而且检索的是多个数据库，扩大了检索范围，提高了检索的全面性。

不同类型的搜索引擎对网络信息资源的描述方法和检索功能不同，即使是对同一个主题进行搜索，不同的搜索引擎通常会得到不同的结果。因此要了解各种搜索引擎的特点，选择合适的搜索引擎，并使用与之相配合的检索策略和技巧，就可以花较少的时间获得较为满意的结果。

二、中外常用全文索引型搜索引擎

1. 概述

全文索引型搜索引擎是目前广泛应用的主流搜索引擎，它的工作原理是，计算机索引程序通过扫描文章中的每一个词，对每一个词建立一个索引，指明该词在文章中出现的次数和位置。当用户查询时，检索程序就根据事先建立的索引进行查找，并将查找的结果反馈给用户。这个过程类似于通过字典中的检索字表查字的过程。

从搜索结果来源的角度，全文搜索引擎又可细分为两种，一种是拥有自己的检索程序（Indexer），俗称蜘蛛（Spider）程序或机器人（Robot）程序，并自建网页数据库，搜索结果直接从自身的数据库中调用；另一种则是租用其他引擎的数据库，并按自定的格式排列搜索结果。它们都是通过从互联网上提取各个网站的信息（以网页文字为主）而建立的数据库中，检索与用户查询条件匹配的相关记录，然后按一定的排列顺序将结果返回给用户。因此可以说，全文索引型搜索引擎是真正意义上的搜索引擎。

国内外最具有代表性的全文索引型搜索引擎有百度、Google、Bing、

Alta Vista、Excite、AlltheWeb、LYCOS等，其中以百度、Google、Bing等搜索引擎最为常用，而AlltheWeb、Alta Vista等早期发展迅速的搜索引擎在被雅虎公司收购后先后被关闭。

2. 百度

（1）概述

百度（http://www.baidu.com）于1999年底成立于美国硅谷，由资深信息检索技术专家、超链分析专利的唯一持有人李彦宏及徐勇博士创建。"百度"二字源于中国宋朝词人辛弃疾的《青玉案·元夕》词句"众里寻他千百度"，象征着百度对中文信息检索技术的执着追求。百度的搜索引擎由4部分组成：蜘蛛程序、监控程序、索引数据库、检索程序。百度采用超链分析技术，即分析链接网站的多少来评价被链接的网站质量，该技术已为世界各大搜索引擎普遍采用。百度是目前全球最优秀的中文信息检索与传递技术供应商之一，具有如下技术特点：

① 采用全球独有的超链分析技术。这种技术将传统情报学中的引文索引技术同网络中最基本的东西——链接技术相结合，通过分析链接网站的多少来评价被链接的网站质量，保证越受用户欢迎的内容排名越靠前。

② 百度在中文互联网拥有天然优势。百度是由中国人自主开发的一款搜索引擎，其服务器分布在中国各地，保证用户通过百度搜索引擎可以以最快的速度搜到世界上最新、最全的中文信息。

③ 为中文用户度身定做。作为自己的搜索引擎，百度深刻理解中文用户的搜索习惯，开发出关键词自动提示功能：用户输入拼音，就能获得中文关键词的正确提示；还开发出中文搜索自动纠错功能：用户误输入错别字，可以自动给出正确关键词提示。

④ 百度提供了相关检索功能。

中国所有具备搜索功能的网站中，由百度提供搜索引擎技术支持的超过80%。并且，对重要中文网页实现每天更新，通过百度搜索引擎可以搜到世界上最新、最全的中文信息。百度在中国各地分布的服务器，能直接从最近的服务器上，把所搜索信息返回给当地用户，使用户享受极快的搜索传输速度。此外，在百度标题下，还对最常用的搜索对象做出了链接，包括新闻搜索、网页搜索、贴吧搜索、知道搜索、MP3搜索、图片搜索、视频搜索。单击相关链接，百度搜索引擎即可在特定的范围内搜索信息。百度中文搜索引擎的主页如图5-2-1所示。

（2）检索方式与检索功能

百度提供基于关键词的简单检索和高级搜索两种检索方式。

① 简单检索。百度提供关键词检索。只需在浏览器中的地址栏中输入百度的网址http://www.baidu.com，按回车键打开百度的主页，在文本框中输入查询内容并按回车键，或单击"百度一下"按钮即可查询到满足条件的相关资料。如果无法确定输入什么关键词，百度的相关检索功能可以

图 5-2-1　百度主页

帮助用户。先输入一个简单词语搜索，然后，百度搜索引擎会提供"其他用户搜索过的相关搜索词"作参考。点击任何一个相关搜索词，都能得到搜索结果。

百度对英文字符大小不敏感，所有字母均做小写处理。如搜索"INFORMATION""information"或"inForMATion"得到的结果相同。

② 高级搜索。如果需要更精确的搜索结果，可以单击主页右上方的"设置"→"高级搜索"，打开百度高级搜索页面，如图5-2-2所示。

图 5-2-2　百度高级搜索

在百度高级搜索页面中，可以对搜索结果进行更多的设定，包括各种时间、地区、关键词位置等。高级搜索功能使百度搜索引擎功能更完善，使用百度搜索引擎查找信息更加准确、快捷，大大提高了查准率。

③ 检索功能与技巧

● 布尔逻辑检索

逻辑与：在关键词之间加空格或"and"或"+"，表示"并且"的意思。如搜索"A B"或"A and B"或"A+B"，则表示搜索结果要同时包含A和B。

逻辑或：在关键词之间加"or"或"|"，表示"或者"的意思。如搜索"A or B"或"A|B"，则表示搜索结果中A和B至少有一个出现。

逻辑非：在关键词之间加"-"，表示"不包含"的意思。如搜索"A-B"，则表示搜索结果要包含A但不包含B，即可排除无关信息B。

"-"前面必须要有空格，否则该符号会被当成连字符处理而失去减号语法功能。"-"后有无空格均可。

● 精确匹配："" 和《 》

如果输入的检索词很长，百度在经过分析后，可能拆分检索词。若不需要拆分检索词，则给检索词加上双引号。如搜索"上海大学"，搜索结果中的上海大学4个字便不会分开；若不加双引号，直接搜索上海大学，则搜索结果会出现"上海交通大学""上海理工大学"等。

书名号是百度独有的特殊查询语法。加上书名号的检索词有两层特殊功能：一是书名号会出现在搜索结构中；二是被书名号括起来的内容不会被拆分。当需要查询常见的姓名、电影或小说时，使用书名号会事半功倍。如搜索电影《手机》，如果不加书名号，检索结果会混入大量的作为通信工具——手机的结果；而加上书名号后，检索结果便是关于《手机》这部电影。

● 把搜索范围限定在网页标题中：intitle

网页标题通常是对网页内容的归纳。把查询内容范围限定在网页标题中，其检索结果与所做限定的检索词的匹配程度更高。使用的方式是把查询内容中，特别关键的部分，用"intitle:"连接起来。如需查询丰子恺漫画，则用"漫画 intitle:丰子恺"，检索结果更为精确。

"intitle:"和后面的关键词之间不要有空格。

● 把搜索范围限定在特定站点中：site

如果知道某个具体的网站、网站频道或某网页中有所需信息，可以利用"site:"把搜索范围限定在这个站点中，提高查询效率。使用的方式是，在查询内容的后面加上"site:站点域名"。例如"足球 site: www.titansports. cn"表示在体坛周报网站内搜索与"足球"相关的资料；"足球 site:com.cn"表示在域名"com.cn"结尾的网站内搜索与"足球"相关的资料。

"site:"后面跟的站点域名，不要带"http://"；"site:"和站点名之间，不要带空格。

● 把搜索范围限定在URL链接中：inurl

在"inurl:"前面或后面加上检索词，则可以限制只搜索URL中含有检索词的网页。例如，"A inurl:B"则表示"A"可以出现在网页的任何位置，而"B"则必须出现在网页url中。

"inurl:"和后面的关键词之间不要有空格。

- 特定格式的文档检索：filetype

百度支持对指定文档格式进行全文搜索。检索方式是"关键词 filetype:文档类型"。"filetype:"后可以跟以下文件格式：DOC、XLS、PPT、PDF、RTF、ALL（所有文档类型）。通过添加"filetype:"可以更方便有效地找到特定的信息，尤其是学术领域的一些信息。如"经济信息学 filetype:PPT"，表示检索经济信息学方面的ppt。"filetype:"这一功能逐渐被百度文库（http://wenku.baidu.com/）所取代，如今可以直接在百度文库中查找特定格式的文档。

- 查找论坛版块：『 』

百度支持的中文标点符号最多。『 』是直行双引号。检索方式是『论坛版块名称』，如『影视交流』即可查找有关影视方面的论坛版块信息。

直行双引号输入方式：调出中文输入法，选择"软键盘"→"标点符号"即可找到。

（3）**其他重要功能**

① 关键词自动提示。用户输入拼音，就能获得中文关键词的正确提示。还有中文搜索自动纠错功能，如果用户误输入错别字，可以自动给出正确关键词提示。

② 非文本内容的搜索。除了支持文本内容的搜索外，还支持海量图片、音乐、视频等多媒体的搜索服务。此外，通过百度软件中心（http://rj.baidu.com/）可以搜索聊天通讯、影视播放、游戏、办公学习、系统工具等各种类型的软件，并提供免费下载。

3. 其他全文索引型搜索引擎

（1）**天网**

天网搜索的前身是北大天网。北大天网由北京大学网络实验室研究开发，是国家重点科技攻关项目"中文编码和分布式中英文信息发现"的研究成果。北大天网于1997年10月29日正式在CERNET上向广大互联网用户提供Web信息搜索及导航服务，是国内第一个基于网页索引搜索的搜索引擎，现在对外服务基本停了。

（2）**中搜**

中搜（http://www.zhongsou.com）是中国著名的搜索引擎公司。自2002年正式进入中文搜索引擎市场以来，取得了一系列令人瞩目的成绩。在一年多的时间里，发展成为全球领先的中文搜索引擎公司，先后为新浪、搜狐、网易、TOM等知名门户网站，以及中搜联盟上千家各地区、各行业的优秀中文网站提供搜索引擎技术。

（3）**有道搜索**

有道搜索（http://www.yodao.com）是网易自主研发的中文搜索引擎，于2006年底推出测试版，2007年12月11日正式推出，提供的搜索服务有网页搜索、图片搜索、视频搜索、词典搜索、热闻（新闻）搜索。2013年8月2日，有道搜索宣布与奇虎公司合作，除词典搜索外，其他搜索项目由360

搜索提供技术支持服务。

三、中外常用目录型搜索引擎

1. 概述

网络资源目录（Web Directory）是目录型网络检索工具（subject directory catalogue），一般称为网络目录，又称专题目录或主题指南、站点导航系统等。网络资源目录型搜索引擎虽然具备搜索功能，但它提供的是按相关标准和原则（比如学科体系）划分的互联网站点的目录和列表，由网站工作人员在广泛搜集网络资源，并在人工加工、整理的基础上，按照某种主题分类体系编制的一种可供检索的等级结构式目录。用户可以不用关键词检索，通过逐层浏览目录，逐步细化来寻找合适的类别，直至具体的符合查询需要的信息资源。目录型网络检索工具在每个目录分类下提供相应的网络资源站点地址，使Internet用户能通过该目录体系的引导，查找到有关的网上信息。

（1）工作原理

网络资源目录一般采用人工方式采集和存储网络信息。首先由网络人员对网站进行广泛调查、搜集、分类、存储和组织，由专业人员手工建立关键字索引，然后将索引信息存入相应的数据库，其建库和检索界面的过程与搜索引擎类似。网络资源目录型搜索引擎将搜索到的信息资源按主题分成若干大类，每个大类下面分设二级类目、三级类目等，一些搜索引擎可细分到十几级类目。这类搜索引擎往往还伴有网站查询功能，也称为网站检索。当网络资源目录型搜索引擎遇到一个网站时，首先将该网站划分到某个分类下，再记录一些摘要信息，对该网站进行概述性的简要介绍。用户提出搜索要求时，搜索引擎只在网站的简介中搜索。

（2）目录型搜索引擎与全文索引型搜索引擎的比较

网络资源目录型搜索引擎的最大特点，就是网络用户在查询信息时，事先可以没有特定的信息检索目标（关键词）。用户可以按照模糊的主题概念，在浏览查询的过程中分步骤地组织自己的问题，通过分析和匹配思维逻辑和概念的组织过程获取所需信息，逐步明确检索概念的范围和检索需求。这正好弥补了索引型搜索引擎的不足。

目录型搜索引擎与全文索引型搜索引擎相比，具有以下特点：

① 目录型搜索引擎中所收录的网络信息资源是由专业人员经过人工选择和组织的，故可以保证质量，学术性较强。

② 使用全文索引型搜索引擎，用户需有明确的检索词，而且必须具备一定的检索知识，了解每个搜索引擎的语法规则及检索符号。而分类浏览的方式直观易用，因此适合大多数网络用户及新手。

③ 当用户检索目的不明确，检索词不确定时，采用网络资源目录型搜索引擎将更为有效。

④ 采用网络资源目录型搜索引擎，具有较高的查准率。

⑤ 网络资源目录型搜索引擎由人工收集整理信息，因此需花费大量的人力和时间，难以跟上网络信息的迅速发展，所涉及信息的范围比较有限，其数据库的规模也相对较小。

目录型搜索引擎虽然有搜索功能，但在严格意义上算不上是真正的搜索引擎，仅仅是按目录分类的网站链接列表而已。用户完全可以不用关键词查询，仅靠分类目录也可找到需要的信息。为突破这一瓶颈，目前，目录型搜索引擎经历了"目录浏览—门户—搜索（目录浏览+关键词检索）—门户"的发展演变，原有门户服务及其他业务也都在搜索服务的基础上重新调整和整合。目录型搜索引擎中的典型代表为Yahoo、搜狐、新浪、网易搜索等。

2. 搜狐

（1）概述

搜狐（http://www.sohu.com）是爱特信公司于1998年2月推出的我国首家大型目录型中文搜索引擎，现已发展成综合门户网站。搜狐采用人工分类技术，充分考虑用户的查询习惯进行分类编辑，能够检索各种网络资源，尤其是中文资源。用户可以直接通过搜狐网站主页上的分类目录和关键词搜索方法查找信息。搜狐的主页如图5-2-3所示。

图5-2-3　搜狐主页

（2）检索方式与检索功能

① 分类浏览检索。搜狐将网络资源分为新闻、财经、体育、房产等十余个大类。用户查询时，可按照信息所属的类别层层点击，就能方便地查找到所需的信息资源。因此，使用分类目录导航检索的关键是要考虑清

楚查询的信息所属的类别。

② 关键词检索。搜狐的关键词检索是按照信息的主题内容来查找信息资源的，用户可在搜索框内输入需要查找的信息的关键词，然后单击【搜索】按钮，系统就会自动查找与关键词匹配的信息，并在页面上将这些信息提供给用户。搜狐提供网站、类目、网址、网页、新闻、软件等类信息的查找。用户只需做简单的选择，就可找到相关的信息。

③ 检索功能与技巧。

● 使用空格和&，来指定查询串必须出现在结果中。例如，输入"足球 申花"，搜索结果是既包含"足球"又包含"申花"的所有网页。

● 使用-来限定，-后的查询串不出现在结果中。例如，输入"计算机-硬件"，搜狐将会找到只包含"计算机"且不包含"硬件"的所有网页。

● 使用|来指定两边的查询串中有一个一定出现在结果中。例如，输入"计算机|硬件"，搜索结果是含有"计算机"或"硬件"的所有网页。

● 使用（）或""来指定（）或""内的表达式是一个整体单元。例如，输入"计算机-（软件，硬件）"，搜索结果是包含"计算机"但不包含"软件"与"硬件"的所有网页。

搜狐支持的运算符有-、&、|、（）、空格。这些运算符既可以是全角，也可以是半角。

3. 搜狗
（1）概述

第一代搜索引擎依靠人工分拣的分类目录搜索，以搜狐和雅虎为标志；第二代搜索引擎依靠机器抓取，建立在超链分析基础上的网页搜索，以Google和百度为代表，其信息量大，更新及时，但返回信息过多，可能有很多无关信息。2004年，搜狐再次组建专门精英技术团队，经过两年的封闭开发，推出完全自主技术的搜狐搜索1.0版本，即全新独立域名专业搜索网站——搜狗（www.sogou.com），以一种人工智能的新算法，分析和理解用户可能的查询意图，给予多个主题的搜索提示，在用户查询和搜索引擎返回结果的人机交互过程中，引导用户更快速准确定位所关注的内容，帮助用户快速找到相关搜索结果，并可在用户搜索冲浪时，给予用户未曾意识到的主题提示。搜狗是全球首个第三代互动式中文搜索引擎。搜狗主页如图5-2-4所示。

图5-2-4　搜狐主页

（2）检索方式与检索功能

① 关键词检索。搜狗的关键词检索是按照信息的主题内容来查找信息资源的。搜狗在中文搜索领域率先推出搜索提示，即在搜索框内输入需要查找的信息的关键词，然后单击"搜索"按钮，搜索引擎尝试理解用户可能的查询意图，给予多个主题的搜索提示，引导用户更快速、准确地定位自己所关注内容。这种与用户的"对话交流"，大幅度提高了搜索相关度。例如，输入"绿茶"一词，搜索引擎会快速将绿茶可能出现的主题分类，给出茶文化、健康知识、电影介绍、化妆品等主题提示，点击所需的类别就可以轻松找到答案。搜狗提供新闻、网页、音乐、目录、地图、说吧等专项搜索服务。只需做简单的选择，就可找到相关的信息。

② 检索功能与技巧。

● 搜狗搜索不区分英文字母大小写。无论大写或小写字母，均当作小写处理。例如，搜索"sogou""SoGoU""SogoU"或"SOGOU"，得到的结果都一样。

● 使用双引号精确查找。搜索引擎大多数会默认对搜索词进行分词搜索，这时的搜索往往会返回大量信息。如果查找的是一个词组或多个汉字，最好的办法就是将它们用双引号括起来，这样得到的结果最少、最精确。例如，在搜索框中输入"文献检索"，这时只反馈回网页中的有"文献检索"这几个关键字的网页，而不会返回包括"文献"和"检索"的网页，这会比输入文献检索得到更少、更好的结果。这里的双引号可以是全角的中文双引号，也可以是半角的英文双引号，而且可以混合使用，例如，"电脑技术"电脑技术'搜狗都是可以智能识别的。

● 使用多个词语搜索。由于搜狗只搜索包含全部查询内容的网页，所以缩小搜索范围的简单方法就是添加搜索词。输入多个词语搜索（不同字词之间用一个空格隔开），可以获得更精确的搜索结果。例如，想了解上海博物馆的相关信息，在搜索框中输入"上海博物馆"获得的搜索效果会比输入"博物馆"得到的结果更好。

● 减除无关资料。如果要避免搜索某个词语，可以在这个词前面加上一个减号（-，英文字符）。但在减号之前必须留一空格。

● 在指定网站内搜索。如果想知道某个站点中是否有要找的东西，可以把搜索范围限定在这个站点中，提高查询效率。在想要搜索指定网站时，使用site语法，其格式为"查询词+空格+site:网址"。例如，只想看搜狐网站上的世界杯内容，就可以这样查询"世界杯 site:sohu.com"。搜狗也支持多站点查询，多个站点用"|"隔开，如，"世界杯 site:www.sina.com.cn|www.sohu.com"（site: 和站点名之间，不要带空格）。使用site功能查询某一个网站时，可以不加查询词，即直接查询"site:网址"，看到的是指定的网站上的全部页面。例如，site:sohu.com。此种查询经常用于查看一个网站被搜索引擎收录了多少页面。

● 文档搜索。在互联网上有许多非常有价值的文档，例如DOC、PDF等，

搜狗支持的运算符有：-、|、""、空格。这些运算符既可以是全角，也可以是半角。

这些文档质量都比较高，相关性强，并且垃圾信息少。所以在查找信息时不妨用文档搜索。其搜索语法为"查询词+空格+filetype:格式"，格式可以是DOC、PDF、RTF、ALL（全部文档）（搜狗即将支持PPT、XLS格式）。例如，"市场分析 filetype: doc"，其中的冒号用中英文符号皆可，并且不区分大小写。Filetype: doc可以在前也可以在后，但注意关键词和filetype之间一定要有个空格。例如，"filetype: doc 市场分析"。

4．新浪

（1）概述

新浪（http://search.sina.com.cn）搜索引擎是互联网上规模最大的中文搜索引擎之一。提供网站、网页、新闻、软件、沪深行情、游戏等多种资源的查询服务。网站收录资源丰富，分类目录规范细致，遵循中文用户的习惯。新浪主页、新浪搜索引擎主页分别如图5-2-5、图5-2-6所示。

图5-2-5　新浪主页

图5-2-6　新浪搜索引擎主页

（2）检索方式与检索功能

① **分类浏览检索**。新浪提供新闻、体育、娱乐、财经、科技等大类。新浪提供的分类浏览是从搜索主页按照树形的主题分类逐层单击来查找所需信息。

② **关键词检索**。新浪关键词查询是根据用户所需信息的主题（关键词）搜索。在搜索框中输入关键词，并单击【搜索】按钮，新浪搜索引擎会返回目录、网站、网页、新闻4种检索结果。可根据需要单击超链接进入这4种检索结果中的任意一个。系统默认查询次序依次为目录搜索、网站搜索、网页搜索。查询结果首先返回目录搜索结果；其次是返回网站搜索结果；然后返回网页搜索结果；再返回商品信息、消费场所等搜索结果。在同一页面上包含网站、网页、新闻、商品等各类信息的综合搜索结果。

③ **检索功能与技巧**。

● 使用空格、逗号（,）、加号（+）和"&"来表示逻辑与的关系（同时匹配多个关键词的内容），即指定查询串必须出现在结果中。

● 使用减号（-）表示逻辑非的关系，即"-"后的查询串不出现在结果中。

● 使用字符"|"表示逻辑或的关系，即指定两边的查询中有一个一定出现在结果中。

● 搜索网站标题要在关键词前加"t"。

● 搜索网站网址要在关键词前加"u"。

● 对网页搜索时，对"http""com""*""的"等网络上出现频率极高的词，均做忽略处理。因为这类字词不仅无助于缩小查询的范围，而且会大大降低搜索的速度。但使用双引号可将这些忽略词强加于搜索项。

● 限定网站搜索，关键词前加"site:"。

● 限定网址搜索，单个关键词前加"inurl:"，多个关键词前加"allinurl:"。

● 限定标题搜索，单个关键词前加"intitle:"，多个关键词前加"allintitle:"。

在新浪高级搜索中：使用空格表示逻辑与的关系。利用"+"来限定某个关键词一定要出现在结果中；利用"-"来限定某个关键词一定不能出现在结果中。

四、中外常用多元搜索引擎

1. 概述

由于不同的网络检索工具的数据库所涵盖的信息领域、资源类型、规模大小等各不相同，检索界面、检索方式也各具特色，对同一个检索提问产生的结果各不相同。随着Internet的迅猛发展和普及，任何一个搜索引擎都难以收集并穷尽所有的Web资源，大部分搜索引擎的索引平均只能涉及整个WWW资源的30%～50%左右，中文的覆盖率更低。为了获得最全面的检索结果、提高检索的查全率，用户不得不将同一个检索课题在多个搜索引擎上一次次地检索。因此，要面对不同的检索界面，重复输入检索提问式，还要筛选各系统反馈的结果，去掉重复结果等，非常烦琐，而且还未必能找到满意的结果。多元搜索引擎的出现有效地解决了这个问题。

多元搜索引擎与搜索引擎最大的不同在于，它自身不对WWW网页进行访问和索引，它自己可以有也可以没有索引数据库，检索时它只提供一个检索界面，实际上则是将提问转给其他多个搜索引擎去检索，然后收集检索结果并进行筛选和排列，返回。虽然多元搜索引擎依赖于其他独立搜索引擎而存在，但它们集成了不同性能和不同风格的搜索引擎并发展了一些新的查询功能，查一个多元搜索引擎就相当于查多个独立搜索引擎，可以收到事半功倍的效果，故值得选用。

（1）**多元搜索引擎的组成**

多元搜索引擎由3个部分组成：检索请求提交、检索接口代理、检索结果显示。

① 检索请求提交负责实现用户的检索设置要求，包括调用哪些搜索引擎、检索时间限制、结果数量限制等。

② 检索接口代理负责将用户的检索请求"翻译"成满足不同搜索引擎本地化要求的格式。

③ 检索结果显示负责所有来源于搜索引擎检索结果的去重、合并、输出处理等。

多元搜索引擎允许一次检索多个搜索引擎，检索的覆盖面非常广，因此比单一搜索引擎的查全率高，但检索的准确性不易控制，而且由于各搜索引擎的检索机制、支持的检索技术不同，故多元搜索引擎的检索功能通常不如单一搜索引擎的强。

（2）**多元搜索引擎的类型**

按照搜索机制划分，多元搜索引擎可分为两种类型：搜索引擎目录（并行式的多元搜索引擎）和多元搜索引擎（串行式的多元搜索引擎）。

① 搜索引擎目录又称并行式的多元搜索引擎，也是检索工具的检索工具。它将主要的搜索引擎集中起来，并按类型或按检索问题等编排、组织成目录，帮助用户根据检索需求来选择适用的搜索引擎，并将用户引导到相应的搜索引擎中去检索。只不过多设了一层门户，通过其组织、检索界面，为用户选择适用的检索工具提供积极的帮助，以克服用户面对众多检索工具无所适从的困惑。它检索的还是某一个搜索引擎的数据库，和独立搜索引擎的检索是一样的。

② 多元搜索引擎又称串行式的多元搜索引擎，是一种集中检索的方式。串行的搜索引擎，即用户输入检索词后，自动利用多种独立搜索引擎同时检索，因此，搜索所需时间较短、省时，不必就同一提问一次次地访问所选定的搜索引擎，也不必每次均输入检索词等，而且检索的是多个数据库，检索的综合性、全面性也有所提高。

（3）**多元搜索引擎的特点**

① 最大的特点就是省时。不用就同一提问一次次地访问所选定的搜索

引擎、每次均要输入检索词等。

② 检索的是多个数据库，检索的综合性、全面性较好，查询效率高。

③ 检索具有可扩展性。主要体现在：

● 选择使用哪些成员搜索引擎。

● 检索等待时间（可进行设定）。

● 对检索结果的规定：每页显示的结果数、每个成员搜索引擎返回的结果数量。

（4）**多元搜索引擎的检索特性**

① 搜索引擎目录。对应于每个列出的搜索引擎，都有一个提问框，使用该搜索引擎的检索句法输入检索词。

② 多元搜索引擎。检索界面非常简单，大多只有一个提问框，而且均支持布尔逻辑检索。

由于不同的独立搜索引擎的检索机制、算法及对提问式的解读不同，没有共同规范。

③ 其他检索选项

● 等候时间：使用多元搜索引擎进行检索时，由于同时检索多个数据库，所需要的检索时间较长，用户可事先设定等候时间为10秒、15秒，或30秒等。

● 检索作业方式：使用搜索引擎目录按照列表检索时，对多个搜索引擎是顺序检索还是同时检索，将使得处理时间、结果返回方式等有所差异。

④ 检索结果。大多数多元搜索引擎的检索结果按相关的搜索引擎排序，即将各搜索引擎的查询结果合并，并报告与结果相对应的搜索引擎名称。较好的多元搜索引擎应该是显示去重合并后的、可链接的、有信息使用价值的检索结果，并按相关度排序。

国内外较为代表性的多元搜索引擎有360综合搜索、Dogpile、Mamma、All-in-One、DigiSearch、ProFusion、MetaCrawler等。

2. 360综合搜索

（1）**概述**

360综合搜索（http://www.so.com）于2012年8月16日发布，属于多元搜索引擎，通过统一的用户界面帮助用户在百度、Bing、Google等多个搜索引擎中选择和利用合适的（甚至是同时利用若干个）搜索引擎来实现检索操作，是对分布于网络的多种检索工具的全局控制机制。其主页如图5-2-7所示。

（2）**检索方式与检索功能**

360搜索界面与百度、Google等全文索引型搜索引擎类似，搜索类型包括新闻、网页、问答、视频、图片、音乐、地图等12种供选择，默认搜索结果为网页。

由于360搜索综合了百度、Bing、Google等搜索引擎的结果，在搜索结果页面的右上方，仍然可自由切换不同搜索引擎的结果显示，如图 5-2-8 所示。

图 5-2-7　360搜索主页

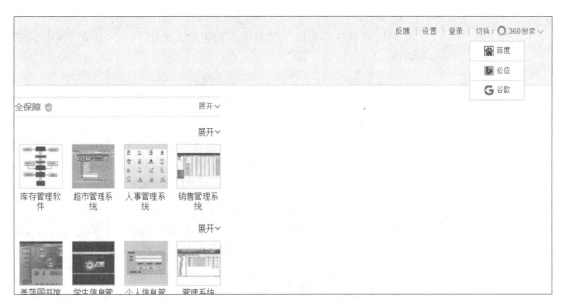

图 5-2-8　360搜索结果页面

思考与练习

一、判断题

1. 搜索引擎的工作原理可概括为信息采集与存储、建立索引数据库两个过程。（　　）

2. 检索式"A OR B"表示检索结果中只包含A、B两个关键词中的一个。（　）

3. 全文索引型搜索引擎其数据库最主要的内容都是由网络自动索引软件建立，不需要人工干预。（　）

4. 百度对英文检索词的大小写不作区分。（　）

5. 所有的搜索引擎都支持布尔逻辑运算符NOT、AND、OR。（　）

6. 常用的元搜索引擎有百度、360综合搜索等。（　）

二、选择题

1. 以下（　）不属于布尔逻辑检索运算符。

  A. AND   B. ""

  C. OR   D. NOT

2. 利用百度搜索将搜索范围限定在网页标题可使用（　）关键字。

  A. site   B. intitle

  C. ""   D. inurl

3. 百度、搜狗等大多数搜索引擎默认对检索词进行分词检索，这会大大降低查准率。如果需查找的是词组或多个汉字，无需拆分，则可以用（　）精确检索。

  A. ""   B. AND

  C. site   D. 〖〗

4. 当检索目的不明确、检索词不确定时，采用（　）类型的搜索引擎更为有效。

  A. 索引型   B. 目录型

  C. 集成式   D. 多元型

三、填空题

1. 百度搜索引擎由 _____ 、_____ 、_____ 和 _____ 4部分组成。

2. 使用百度进行检索时，如无法访问网页时，可以使用 _____ 功能正常浏览网页。

3. 在百度中输入"inurl:足球"表示搜索 _____ 。

4. 搜狗是搜狐公司推出的完全自主技术开发的全球首个第 _____ 代互动式中文搜索引擎，是一个具有独立域名的专业搜索网站。

5. 多元搜索引擎由三个部分组成：_____ 、_____ 、_____ 。

6. 按照搜索机制划分，多元搜索引擎可分为 _____ 、_____ 两种类型。

四、简答题

1. 请简述搜索引擎的工作原理。

2. 请简述元搜索引擎的特点。

3. 请简述目录型搜索引擎的优缺点。

第三节　其他类型的网络信息资源检索

随着Web2.0的到来，互联网从传统的阅读式转变为互动式，强调以用户为参与主体，用户既是网络内容的使用者，也是提供者，而网站本身只是一个交流平台。由此催生了互动问答平台、网络百科、网盘搜索引擎等各类网络信息资源检索平台的诞生。

一、互动问答平台

互动问答平台是在传统搜索技术的基础上，集成自动切分词、智能搜索、自动分类等一整套自然语言处理和信息检索技术，并通过舆论监控手段实现知识的共享与传播。采用单问多答的问答模式，即用户提交问题后，由其他用户或网站聘任的答疑专家回复，并补充和评价已有的答案。用户甄别回复的问题，继而选出最优答案。互动问答平台知识库对所有用户开放，用户的问题在发布前首先会自动提交到知识库中，检索是否有正确答案，从而避免多次重复回答。利用这种互动问答平台服务，可以在知识发现的基础上形成虚拟知识共享系统。

互动问答平台系统可分为4个部分：

① 网页预处理部分：对所有网页进行正文提取，获取网页的标题文本以及其他网页指向该网页的链接文本信息；

② 索引部分：对全部文本信息分词和建立索引；

③ 查询处理部分：实现对主题集的查询输入构造；

④ 检索部分：实现对检索结果取出、排序和后处理。

互动问答平台可用于行业知识库建设、垂直领域专家系统、行业交流网站问答板块、医学领域的医患交流、教育领域的师生交流等各个方面的交流互动，为互联网用户提供了极大的方便。国内外具有代表性的互动问答平台有Google Answers、新浪爱问、百度知道、腾讯搜搜问问、雅虎知识堂等。

二、网络百科

网络百科是一部基于Web2.0技术的、内容开放自由的、旨在创造涵盖所有领域知识、服务所有互联网用户的百科平台。用户在平台编辑器中创建词条并适当编辑后提交"专家"，通过既定的审核机制审核。审核"专家"层次不一，如百度百科依靠网站管理员审核，互动百科依靠从用户中挑选出来的少数人组成专家团队审核。最早的网络百科为2001年创立的Wikipedia（维基百科），是一个基于维基技术的多语言百科全书协作计划。此后，类似的协作式知识共创网站风靡全球，涌现了一批优秀的维基类网络百科,其中最典型的有百度百科、互动百科、MBA智库百科、搜搜百科、搜狗百科等。

三、网盘搜索引擎

网盘又称网络U盘、网络硬盘,是由互联网公司推出的云存储服务,是集存储、备份、同步共享为一体的网络信息资源工具。用户可以把网盘看成一个放在网络上的硬盘或U盘,不管是在家中、单位或其他任何地方,只要连接到Internet就可以管理、编辑网盘里的信息资源。目前,较为常用的中外网盘有百度云网盘、360云盘、天翼云、彩云网盘、华为网盘、新浪微盘、坚果云、Dropbox、OneDrive、MediaFire等。

近年网盘资源的日渐丰富催生了网盘搜索引擎的诞生,如盘搜搜(http://www.pansoso.com/)、天天搜索(http://www.daysou.com/)等都支持从网络硬盘中查找书籍、软件、音乐、电影等各种格式资料的搜索。不同网盘搜索引擎的区别在于收录的网盘资源不一,如百度云搜专业提供百度网盘资源搜索,针对百度网盘资源提供专业、全面的搜索服务;找文件的搜索范围包括百度网盘、华为网盘、新浪微盘等多个网盘的资源搜索。

四、学术搜索引擎

学术搜索引擎顾名思义就是搜索学术资源的引擎,通过爬虫爬取网络中各种学术文献信息,并对它们进行科学地组织、管理和维护,为用户提供专门的学术文献信息服务。中外综合性的大型学术搜索引擎有Google Scholar(谷歌学术搜索)、百度学术、Bing学术等。这些综合性的学术搜索引擎可以免费搜索期刊论文、学位论文、书籍、预印本、文摘和技术报告在内的学术文献,内容涵盖自然科学、人文科学、社会科学等多种学科。其中,"站在巨人的肩膀上"的谷歌学术搜索(Google Scholar,简称GS)文献信息来源于学术性的商业数据库、出版社网站、高校校园网、政府和机构网站,可以免费搜索所有研究领域的同级评审论文、学位论文、图书、预印本、摘要和技术报告等学术文献,成为科研用户使用公共网络查找文献的首选学术搜索工具。

还有一些出版社、高校、科研机构等也自行研制了学术搜索引擎,某些已经停止服务,如Scirus(Elsevier旗下)。目前正常运行的重要学术搜索引擎简要列举如下:

1. BASE

BASE(www.base-search.net)是世界级海量内容的学术搜索引擎之一,专注于学术开放获取网络资源,由德国比勒费尔德(Bielefeld)大学图书馆开发、营运。BASE提供超过来自4 000个信息源的8千万份文献。通过BASE,用户能获取70%经过索引后的文件全文。

2. CiteSeerx

CiteSeerx(http://citeseer.ist.psu.edu)又名ResearchIndex,是一个不断

发展的科学文献数字图书馆和搜索引擎，其文献主要集中在计算机和信息科学领域。CiteSeerx能够提供完全免费的服务（包括下载PostScript或PDF格式的论文的全文），其主要功能有：①检索相关文献，浏览并下载论文全文；②查看某一具体文献的引用与被引情况；③查看某一篇论文的相关文献；④图表显示某一主题文献（或某一作者、机构所发表的文献）的时间分布。

3. cnpLINKer

为了提供一个方便快捷的查阅国外各类期刊文献的综合网络平台，中图公司组织开发了cnpLINKer（cnpiec LINK service）在线数据库检索系统（http://cnplinker.cnpeak.com），即中图链接服务，主要提供国外期刊的目次和文摘检索、电子全文链接及期刊国内馆藏查询功能，并及时与国外出版社保持数据内容的一致性和最新。

五、桌面搜索引擎

传统的搜索引擎基于浏览器搜索，而桌面搜索引擎类似于Windows自带的搜索功能，预先扫描硬盘上的E-mail、缓存中的网页、电子表格等文件，把内容编译成索引以方便快速得到结果，比传统搜索引擎更为高效。桌面搜索的特点在于不需要通过浏览器搜索，并且将搜索方位延伸到自己电脑硬盘中所存储的各种文档。

2004年10月，主流搜索引擎Google率先推出桌面搜索工具，紧接着MSN也推出了同类产品，雅虎则在2005年1月11日发布了自己的桌面搜索工具。其实，早在2004年3月Lycos/Hotbot发布了一款桌面搜索工具——HotBotDesktop，但由于其影响力有限，直到Google桌面搜索推出之后才受到业内的广泛重视。国内的中搜则于2004年2月发布了全球第一款搜索桌面软件——网络猪。以后，百度、微软也发布了桌面搜索引擎，如桌面百度。尽管桌面搜索在技术和应用方面还存在一定的问题，但近年来桌面搜索已经成为普遍看好的热门市场。

六、专门信息检索工具

随着Internet的迅猛发展，网络信息资源表现为更加丰富与多样性。为了提高检索的准确度，方便地查找特殊类型（如电话、人名、电子邮件、地址等资料）的信息，Inernet上出现了各类专门收集某一类信息资源的搜索引擎，帮助用户迅速找到某些专门的信息。简要列举如下：

1. 在线文档共享

（1）**百度文库**（http://wk.baidu.com/）

百度文库的文档包括教学资料、考试题库、专业资料、公文写作、法律文件等多个领域的资料。百度用户上传文档可以得到一定的积分，下载有标价的文档则需要消耗积分。当前平台支持主流的doc(docx)、ppt(pptx)、xls(xlsx)、pot、pps、vsd、rtf、wps、et、dps、pdf、txt等文件格式。

（2）**新华文库**（http://wenku.news.cn/）

由新华网自主研发的在线文档分享平台。目前，新华文库支持上传doc、pdf、ppt、epub等十多种常见格式的文档。新华网注册用户无需重新开通账户，使用新华社区的论坛、博客、微博、云盘等任意一个平台账号登录，即可享受文库服务。

（3）**道客巴巴**（http://www.doc88.com/）

国内著名的在线文档分享平台，文档数量已超4亿，内容涵盖行业研究资料、教学课件、学术论文、应用文书、考试资料、企业文案等几十个领域。

（4）**豆丁**（http://www.docin.com/）

全球最大的C2C中文文档分享平台，有超过2亿份的应用文档和书刊。

2. 查询地图信息

（1）**百度地图**（http://map.baidu.com）

百度地图是百度提供的一项网络地图搜索服务，目前除了主要提供中国各地区的地图查询、动态导航外，也提供韩国、日本、新加坡等周边国家的地图查询服务。

（2）**高德地图**（http://ditu.amap.com）

是我国一流的免费地图导航产品，地图数据覆盖中国大陆及香港澳门，支持动态导航、离线下载、地图搜索等多功能服务。

3. 查询图像信息

百度识图（http://image.baidu.com/?fr=shitu）

基于相似图片识别技术，在用户上传本地图片或者输入图片的URL地址之后，百度再根据图像特征分析，进而从互联网中搜索出与此相似的图片资源及信息内容。但需要注意的是，用户上传本地图片时，图片的文件要小于5M，格式可为JPG、JPEG、GIF、PNG、BMP等图片文件。

思考与练习

一、判断题

1. 最早的网络百科是2001年创立的维基百科。（　）
2. 桌面搜索引擎是基于浏览器搜索的搜索引擎工具。（　）
3. 目前在线文档共享平台有百度文库、道客巴巴、豆丁等。（　）
4. 网盘又称网络U盘、网络硬盘，是由互联网公司推出的云存储服务，是集存储、备份、同步共享为一体的网络信息资源工具。（　）

二、选择题

1. 使用云存储服务、集存储、备份、共享为一体的网络信息资源工具是（　）。

　　A. 百度百科　　　　　　B. 华为网盘

　　C. 百度地图　　　　　　D. 新浪爱问

2. 在百度公司推出的产品中，基于搜索的互动式知识问答平台是（　　）。

　　A. 百度文库　　　　B. 百度云

　　C. 百度知道　　　　D. 百度百科

三、填空题

1. 与传统搜索引擎相比，_____ 不需要通过浏览器搜索，而将搜索方位延伸到自己电脑硬盘中所存储的各种文档。

2. 作为大多数科研用户使用公共网络查找文献的首选学术搜索工具，标语为"站在巨人的肩膀上"的网络学术搜索引擎是 _____。

3. 互动问答平台系统可分为4个部分：_____、_____、_____、_____。

第六章 开 放 获 取

第一节 概 述

一、开放获取的兴起

1. 开放获取运动的背景

开放获取（Open Access，OA）是国际科技界、学术界、出版界、信息传播界为推动科研成果和学术作品通过开放的互联网络自由传播，并为公众无法律和技术障碍免费获取及再利用，而发起的一场学术文献信息自由获取运动。[1]20世纪90年代，商业出版商逐渐垄断期刊市场，期刊价格高涨，图书馆和科研机构不得不减少对学术期刊的订阅量，研究人员可利用文献的数量减少，重复研究的可能性大大增加[2]。不仅如此，出版商还对期刊文献的利用设置了各种限制。数字版权扩张体现在新的国际条约和各国版权法中，这进一步影响了学术信息的交流，阻碍了人们对科学研究成果的获取[3]。期刊危机和获取危机的出现给学术信息的高效交流与共享造成了极大的障碍，导致学术生态环境的失衡，严重阻碍了知识的创新与社会的进步，

> 开放获取由英文词汇Open Access翻译而来，常见的译法还包括开放存取、开放访问等。

---

[1] 翟建雄 国家图书馆."开放获取"（OA）运动今日谈［N］.新华书目报，2015-08-28A05.

[2] 肖冬梅.开放存取运动缘何蓬勃兴起?［J］.图书情报工作，2006，50（5）：128-131.

[3] 曾湘琼.开放获取理论与实践［M］.湘潭：湘潭大学出版社，2011：1-23.

学术界迫切需要一种新型的学术出版与交流体制。计算机的普及和网络技术的发展为这一难题的解决带来了新的可能，在更广的传播范围、更快的传播效率、更加低廉的传播成本下[1]，一种全新的学术与科研信息交流模式——开放获取应用而生。

2. 开放获取的定义

对OA概念的表述多种多样，但被称作三大宣言的《布达佩斯开放存取先导计划》（Budapest Open Access Initiative，BOAI）、《百斯达开放存取式出版宣言》（Bethesda Statement on Open Access Publishing，BSOP）和《关于自然科学和人文科学知识开放存取的柏林宣言》（Berlin Declaration on Open Access to Knowledge in the Sciences and Humanities）无疑对OA概念的发展产生了最为深远的影响。三大宣言中对开放获取定义的公共部分称为3B定义，这也是目前较为普遍认可的OA概念。

在3B定义中，开放获取意味着用户通过公共网络可以免费阅读、下载、复制、传播、打印、检索和超链接作品的全文，为作品建立本地索引，将作品作为数据编入相应软件，或用于任何法律许可的用途，不受经济、法律和技术的限制，除非是网络本身造成的物理障碍，唯一的限制就是保证作者拥有保护作品完整性的权利，在使用作品时注明相应的引用信息。[2]

> 开放获取并不排斥成本收费，而是排斥以获利为目的的收费，因此开放获取不等于完全免费。此外，开放获取并不是完全无条件的。至少有4类障碍是开放获取本身无法解决的：过滤和审查障碍、网络使用障碍、生理访问障碍、语言阅读障碍。

3. 开放获取的发展

开放获取运动的发展经历了不同的阶段。20世纪90年代arXiv的建立可被视为开放获取萌芽阶段的里程碑之一。1998年的自由科学运动之后，开放获取的热潮更加升温。随着三大宣言的签订，开放获取进入发展成熟期，各个团体机构、各国政府开始支持OA，一些学术期刊也开始试水。与英美等国相比，我国的OA发展起步较晚，2003年12月9日，中国科学院院长路甬祥在柏林代表中国的科学家签署柏林宣言，正式开启了我国的OA之路。次年，路甬祥院长代表中国科学院、陈宜瑜代表国家自然科学基金委又分别签署了柏林宣言，表明中国科学界和科技资助机构对开放获取的支持。[3]从全球来看，开放存取已经成为一种趋势，大部分世界知名的研究型大学，美国、欧盟、澳大利亚等国的国家科研基金以及一部分私人科研基金，都已采用强制性开放获取政策。另有数据统计，目前已有20%左右的英文文献是开放存取的。[4]

> 国内OA重要事件还有许多，如2005年，科学信息开放获取政策与战略国际研讨会在北京召开。2005年，50余所高校图书馆馆长签署《中国大学图书馆合作与资源共享武汉宣言》。2012年，中国开放获取周国际学术研讨会的与会专家学者发起成立中国机构知识库推进专家组等。

二、开放获取的实现途径

实现开放获取的途径多种多样，其中绿色OA和金色OA是最主要的两种实现途径，两种方式在同行评审、经费支持、版权来源、流程操作等方

> 绿色OA和金色OA英译自Green OA和Gold OA。

---

[1] 傅蓉.试析开放存取运动兴起的原因［J］.江西图书馆学刊，2006，36(4)：53-55.
[2] 陈吟月.学术资源开放存取的策略研究［J］.图书馆，2007（1）：57-60.
[3] 开放获取的"金色道路"［EB/OL］http://www.1000thinktank.com/ztbd/1164.jhtml（2016-3-20）.
[4] 我们离免费下载学术论文 还有多远？［EB/OL］http://mt.sohu.com/20160418/n444668734.shtml（2016-4-24）.

面存在不同。需要明确的是，绿色OA和金色OA都是重要的开放获取途径，各有利弊，互为补充。

1. 绿色OA

绿色OA主要包括早期的学科知识库（Disciplinary Archives）和目前占主体的机构知识库（Institutional Repository，简称IR）两大类[①]。学科知识库顾名思义是按照学科领域或主题组织的OA仓储，集中了相关学科大量的OA资源。根据收录学科和主题的多少，学科知识库又可细分为综合性学科知识库和专题性学科知识库，最为典型的例子当属arXiv.org。相比之下，绿色OA的另一种类型，机构知识库起步较晚，但近年来发展迅速。机构知识库是由研究机构或学术组织建立和管理的网上文档库，用来保存机构人员的学术成果。目前中国科学院、北京大学、清华大学、西安交通大学、厦门大学等高校都已建立了自己的机构知识库。这些机构知识库收录了所属机构大量的学术信息资源，服务于所属机构和相关领域的研究人员。

> arXiv.org 的访问地址为 http://arxiv.org/。arXiv.org 由康奈尔大学图书馆运营和维护，提供物理、数学、计算机科学、量化生物学、量化财经与统计学领域的电子预印本文献。

绿色OA特征鲜明，不仅提供免费的访问服务，还提供免费的出版和存储服务。相比金色OA，绿色OA资源的资源类型较为丰富，包括预印本、印本、后印本、图书、学位论文、会议论文、多媒体、课件、数据集等多种电子资源。绿色OA通常还依照文责自负的原则，允许作者随时对其作品进行不间断创作和修改，给作者提供充分表达思想的空间[②]。

> 预印本是指在出版社评审或预评审之前的稿件版本；后印本是指经过同行评议和多次校对，但尚未排版出版的稿件版本；印本则是正式出版格式的稿件版本。

了解和获取知识库的相关信息可通过开放获取知识库的权威目录——开放获取知识库名录（Directory of Open Access Repositories，OpenDOAR）。OpenDOAR创建于2005年，由英国诺丁汉大学维护，主要提供全球高品质开放获取信息资源库清单。用户可以通过机构名称、文献类型、知识库类型、国别、学科主题、语种等字段限定检索这些仓储。

> OpenDOAR 的地址为 http://www.opendoar.org/，ROAR 的地址为 http://roar.eprints.org/。

2. 金色OA

金色OA是指开放获取期刊，是一种网络化的免费期刊，其中的论文经过同行评审，由作者本人或其他相关机构支付出版费用，读者可免费、无权限限制地获取资源。金色OA主要由出版商主导，Nature、Springer、Wiley、Elsevier和Taylor Francis等传统学术出版巨头都是金色OA的主导力量之一。通常，顶级学术期刊对OA态度相对较为谨慎，一般采用混合模式，一方面保持付费内容占据主导地位，另一方面允许部分文章通过作者付费实现开放获取。这种特殊OA也称作混合式OA或支付型OA。

相比绿色OA，OA期刊主要有以下特点：第一，实行严格的同行评审，具有较高的学术影响力；第二，存储、标引规范有序，利于进行跨库检索和互相链接；第三，原则上由作者承担出版成本，用户免费获取。6OA期刊包括新创办的OA期刊和由传统期刊转变而来的OA期刊，因此跟传统期刊一样，OA期刊也有着不同的质量、知名度和可靠性。作为一种重要的

---

① 翟建雄.国家图书馆."开放获取"（OA）运动今日谈[N].新华书目报，2015-08-28A05.

② 张惠.开放存取：理论、构建、服务[M].北京：机械工业出版社，2013：58.

OA资源，OA期刊的数量近年来不断增加，规模日益扩大，学术质量不断提升，影响力日益增强，运行模式更加多元化，尽管在学科、地区和语种上分布不均，但学术界对OA期刊的认同度逐渐提高[①]。

检索和发现国内外的OA期刊可通过开放存取期刊目录（Directory Of Open Access Journals，简称DOAJ）。截至2022年11月，DOAJ共收录开放获取期刊1.8万余种，文章数超过818万，覆盖自然科学、工科、医学、人文社会科学领域。与预印本系统不同，该系统收录对象均为学术性、研究性期刊，这些期刊都是有同行评审或有编辑控制质量的期刊。

> DOAJ由瑞典隆德大学在2003年建立，访问地址为http://www.doaj.org/。

3. 其他OA资源及实现途径

除了上述主要的实现方式外，OA的实现途径还包括个人网站、博客、维基、数据库、电子图书、邮件列表、视频资料、音频资料、论坛、RSS聚合以及点对点的网络等。伴随OA概念的不断发展，出现了更多相关产物，这些产物不局限于传统的文献资源，开放教学资源是典型的例子。2012年，世界高等教育界掀起了一股"幕课（MOOC）风暴"，斯坦福大学、哈佛大学和麻省理工等世界顶尖的名校主动将其课程制作成视频，上传到特定的网络平台，免费供全世界的人们学习。与更早出现的公开课不同，MOOC结合了网络用户的特点，采用定期开课的模式，课程视频通常很短，几分钟到十几分钟不等，更符合网络时代碎片化的阅读特点。除了课程视频，教师还会提供相关的参考资料，基于MOOC开放教学的特征，大部分MOOC平台要求教学参考资料也是OA资源。了解MOOC课程资源可通过MOOC学院（http://mooc.guokr.com/）。该平台是目前中文互联网内最大的MOOC学习社区，与Coursera、edX、Udacity、FutureLearn、iversity、清华大学"学堂在线"、台湾大学MOOC项目组、复旦大学等教育机构都建立了合作关系。

> 源自Massive Open Online Courses，简称MOOC，中文可译作"大型开放式网络课程"，edX、Coursera和Udacity是全球范围内影响力最大的三个MOOC平台。自2013年起，国内许多知名高校都开始开设MOOC课程。

三、如何利用开放获取资源

1. 多途径积累丰富多样的OA资源

从开放获取本身及其国际发展来看，其范畴在不断延伸，不仅包括期刊论文，还包括软件、科学数据、学位论文、教学课件、图书、音频、视频、多媒体等[②]。毫无疑问，随着人类创意思维的进步，不远的将来还会出现更多的OA实现途径。然而，OA资源常常分散在网络上不同的地方，因此，要较为全面、系统地发现和获得OA资源，离不开有效的OA资源整合站点。除了前面提到的DOAJ、OpenDOAR等工具，清华大学免费学术资源导航、中国（汉学）研究开放获取学术资源集等都是很好的工具。另外，由于OA资源发展迅速，及时了解和掌握OA资源与平台的最新动态就显得格外重要。可借助微博、微信等新媒体平台，关注资源达人，根据自己的信息需求不断丰富和充实OA资源储备，更好地发现和利用有价值的OA资源。

> 清华大学免费学术资源导航的访问地址是http://wr.lib.tsinghua.edu.cn/ref/。中国（汉学）研究开放获取学术资源集的访问地址是http://202.120.82.25/hanxue/index.htm。

---

① 胡德华等. 开放存取期刊研究［M］. 长沙：中南大学出版社，2013：13-18.
② 初景利，李麟. 国内外开放获取的新发展［J］. 图书馆论坛，2009，29（6）：83-88.

2. 辩证看待OA资源的质量问题

从OA资源出现起，对其学术质量的争论就始终不断，一些学者质疑OA文献数据的深度和广度、可靠性和权威性、精确性和准确性，以及文献的格式不规范等，这些不利因素直接影响着用户对OA资源的选择和利用[①]。的确，一些不经过学术评审的OA资源可能存在着质量问题，但这并不是OA资源的全貌。例如，以BMC和PLoS两大OA期刊出版商都有着严谨的评审机制，能够保证开放获取期刊的质量。一些OA期刊也同样被SCI等世界著名的摘要和索引数据库收录。因此，在利用OA资源的过程中，应客观辩证地看待OA资源的质量，了解不同OA资源的特征和出版模式，综合考虑资源的置信度、准确性、全面性、客观性、时效性，更好地甄选出高质量、高价值的OA资源。

3. 尊重知识产权，合理利用OA资源

OA资源不等于没有版权，应注意尊重知识产权，合理使用，不能任意使用、复制或传播，任何擅自篡改、破坏版权管理信息、破坏版权保护技术措施的行为都是非法的。OA资源往往更容易获取和传播，这更要求用户了解并遵守学术道德规范。例如，学术研究若引用了OA资源，应按照学术规范，在参考文献中准确、客观地注明资源出处等信息[②]。

思考与练习

一、判断题

1. OA资源省去了质量控制环节，资源质量堪忧。（　　）

2. 开放获取放松了对剽窃的规定，不用遵守相关规则，可随意使用。（　　）

3. 开放获取意味着成功地移除了所有的资源获取障碍。（　　）

4. OA期刊与非OA期刊一样，也有高质量、高知名度的期刊。（　　）

5. 开放获取等同于免费获取，它反对一切形式的收费。（　　）

二、选择题

1.（　　）主要包括学科知识库和机构知识库两大类。

　　A. 绿色OA　　　　　　　　B. 金色OA

　　C. 蓝色OA　　　　　　　　D. 混合OA

2.（　　）是由研究机构或学术组织建立和管理的网上文档库，用来保存机构成员的学术成果。西安交通大学、厦门大学、北京大学等高校均建立了自己的机构知识库。

　　A. 主题知识库　　　　　　B. 金色OA

　　C. 中国预印本服务系统　　D. 机构知识库

3. 瑞典隆德大学于2003年建立的（　　）是检索和发现国内外OA期刊

[①] 李锐. 中外开放获取资源现状比较研究[D]. 镇江：江苏大学，2010.

[②] 柴晓娟. 网络学术资源检索与利用（第二版）. 南京：南京大学出版社，2013：202.

的有效工具。

  A. DOAJ   B. edX

  C. OpenDOAR   D. Coursera

 4.（ ）和获取危机给学术信息的高效交流与共享造成了极大的障碍。计算机的普及和网络技术的发展为走出这一困境带来了新的可能，开放获取应运而生。

  A. 技术危机   B. 经济危机

  C. 期刊危机   D. 政策危机

 5. 金色OA即是（ ），这是一种网络化的免费期刊，其中的论文经过同行评审，由作者本人或其他相关机构支付出版费用，读者可免费、无权限限制地获取资源。

  A. 开放获取期刊   B. 机构知识库

  C. 学科知识库   D. 网上文档库

三、填空题

 1. 2003年12月9日，中国科学院院长路甬祥在柏林代表中国的科学家签署了_____，开启了我国的开放获取运动。

 2. 开放获取并不是完全无条件的，至少有4类障碍是开放获取本身无法很好解决的，具体包括过滤和审查障碍、_____、生理访问障碍、语言阅读障碍。

 3. _____、_____ 和 _____ 三大宣言对开放获取概念的发展产生了最为深远的影响。

 4. 学科知识库是按照学科领域或主题进行组织的OA仓储，集中了相关学科大量的开放获取资源，根据收录学科和主题的多少，具体又可细分为 _____ 和 _____。

 5. 从开放获取本身及其国际发展来看，开放获取的范畴已大大的延伸，不仅包括期刊论文，还包括 _____、_____、_____ 等。

四、简答题

 1. 如何定义开放获取？

 2. 开放获取运动兴起的原因是什么？

 3. 什么是预印本？

第二节 国内主要OA资源的获取和使用

一、国家哲学社会科学学术期刊数据库

1. 数据库介绍

  国家哲学社会科学学术期刊数据库（以下简称期刊数据库）是由全国哲学社会科学规划领导小组批准建设，中国社会科学院承建的国家级、开

放型、公益性的哲学社会科学信息平台，具体责任单位为中国社会科学院图书馆（调查与数据信息中心）。用户可以通过网址www.nssd.cn进入数据库。

2. 使用方法介绍

（1）用户的注册与登录

非注册用户可在国家哲学社会科学学术期刊数据库中浏览文章全文，但下载文章前须注册。注册账号，可在期刊数据库首页右上角点击"用户注册"，按提示输入注册信息。注册成功后方可登录并使用数据库资源。

再次进入数据库，可点击页面右上角的"用户登录"，直接登录。

（2）数据库检索功能

期刊数据库提供多种检索。从检索方法上可分为快速检索和高级检索，在检索对象上可分为论文检索、期刊检索、作者检索和机构检索，如图6-2-1所示。

图 6-2-1　期刊数据库首页

① 论文检索。

● 快速检索

进入期刊数据库主页即可看到快速检索框（图6-2-1），选择"论文"，输入检索词，点击检索按钮，即得到快速检索结果。在快速检索模式下检索论文，输入多个检索词，检索词之间的逻辑关系默认为"与"。

● 高级检索

当快速检索不能满足检索要求时，可选择高级检索。可由主页点击"高级检索"进入高级检索页面（图6-2-2所示为论文高级检索界面）。与快速检索类似，高级检索也针对不同的资源对象检索。在对论文检索时，最多可提供4个检索词输入框，检索字段包括题目或关键词、题名、关键词、文摘、作者、第一作者、机构、刊名、分类号、基金资助、ISSN、全文检索。用户可选择一个或多个字段，输入相应的检索词，字段之间可选择与、或、非3个逻辑词进行组配。另外还可对出版时间进行限制。

● 检索结果

不论是在快速检索或是高级检索模式下，系统返回的检索结果均可按照发表时间或相关度排序，也可按照标题列表或篇文列表展示。若检索结果不能满足检索要求，可对检索结果依照题名或关键词、作者、出版年份进行二次检索，也可就领域、主题、机构、作者、期刊和年份勾选，筛选结果。

● 论文检索与下载

有"全文下载"和"阅读全文"图标的项目，即为可在线浏览和下载的论文，如果没有以上图标，即表示论文所属期刊还未被数据库收录或数据仍在上传中。在登录后点击"全文下载"图标，即可将论文下载到本地电脑。

平台还提供共享功能，用户可将文章分享到QQ空间、新浪微博、腾讯微博、人人网和微信平台。

【检索实例】检索近5年题名关键词或摘要中出现"大数据"的文献。

【检索步骤】第一步：在主页点击"高级检索"进入高级检索界面，选择"文章"检索。

第二步：在第一个检索条件中选择"题名或关键词"字段，输入"大数据"；在第二个检索条件中选择"文摘"字段，输入"大数据"；选择逻辑检索词"或"；在时间条件中限定为"2012-2016"；单击【确定】开始检索，如图6-2-2所示。

图6-2-2　论文高级检索界面 检索实例 第二步

第三步：如图6-2-3所示，共得到1063条检索结果；单击"发表时间""相关度"调整检索结果排列顺序；单击"按标题列表"或"按简文列表"选择展示方式；在检索结果右侧进行二次检索或筛选；点击"全文下载"或"阅读全文"下载或在线浏览。

用户下载文献需要先登录

② 期刊检索与浏览。

● 快速检索

进入国家哲学社会科学学术期刊数据库主页即可看到快速检索框，选择"期刊"，输入检索词，点击"检索"按钮，即可返回快速检索结果。

● 高级检索

在对期刊的高级检索中，如图6-2-4所示，期刊数据库提供刊名、主办单位、出版地、ISSN、主编、邮发代号、中图分类号（可在分类表中勾选）几种检索途径，检索时无需输入完整信息，在检索框中输入部分刊名、主办单位信息、出版地信息、ISSN信息、主编信息、中图分类号信息即可进行检索。例如，在刊名中输入"中国"，系统则返回所有刊名中含有"中国"

图6-2-3 检索结果截图 检索实例 第三步

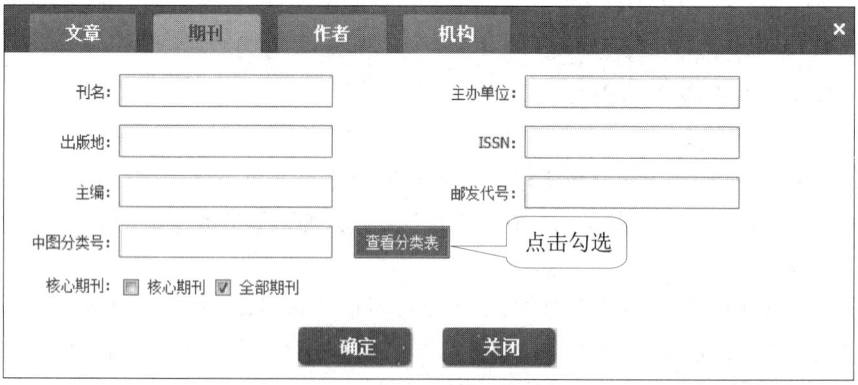

图6-2-4 期刊高级检索界面

的刊物。此外，还可进行"核心期刊"的限定。

● 检索结果

无论是快速检索或是高级检索，系统返回的期刊结果均可按照期刊名首字母、更新时间进行排序，也可按照图片列表或文字列表两种视图展示。若检索结果不能满足检索要求，可对检索结果按照刊名、主办单位、ISSN、主编和邮发代号进行二次检索。

● 分类浏览

期刊数据库对期刊提供多种分类浏览：学科分类、核心期刊分类（中国社会科学引文索引、中国人文社科核心期刊要览（2008版）、北大2011版核心期刊、社会基金资助期刊导航、中国社科院期刊导航、地区分类。按照不同的分类浏览期刊，可在数据库首页进入"期刊导航"，在界面右侧选择不同分类方式浏览。

● 期刊阅读

对于单本刊物，期刊数据库还提供期刊主页，在检索结果或浏览结果中可查看每本刊物的期刊信息、期刊评价数据。除了能刊内检索和分年分卷期浏览，注册登录后，还可订阅刊物，或是对期刊的某一期进行整刊阅读。例如，要整本阅读《财经研究》2015年的第12期，在期刊页面单击"整刊阅读"，如图6-2-5所示，即可看到当期刊物的电子版，如图6-2-6所示。

③ 作者检索与浏览。

● 快速检索

进入期刊数据库主页，在快速检索框选择"作者"，输入检索词，单击"检索"按钮，即可返回检索结果。

● 高级检索

对作者的高级检索中，检索字段包括"作者""机构"和"领域"。用户可以选择一个或多个字段，输入相应的检索词，字段之间的逻辑关系可选择"与""或""非"来组配。

● 检索结果

对作者快速检索时，系统返回结果可按照姓氏排序。若检索结果不能满足检索要求，也可对检索结果按照"人物""机构""领域"进行二次检索。

● 分类浏览

国家哲学社会科学学术期刊数据库对作者提供两种分类浏览：按地区浏览作者和按照学科浏览作者。按照不同的分类浏览期刊，可在数据库首页进入"作者聚焦"，在界面右侧选择不同分类方式进行浏览。

● 作者信息获取

对于作者信息的检索结果，单击"详细信息"可打开作者个人主页，查看该作者个人介绍、已发表的作品、发表期刊和学术评价。

> 二次检索的检索框可在检索结果页面的左上方找到。系统提供了两个检索框，可点击上下箭头选择需要的检索字段。

> 整本阅读刊物需要先登录。

> 系统最多可提供3个检索框进行检索。

> 该平台目前只有部分作者有个人介绍。

图6-2-5 《财经研究》期刊详细信息

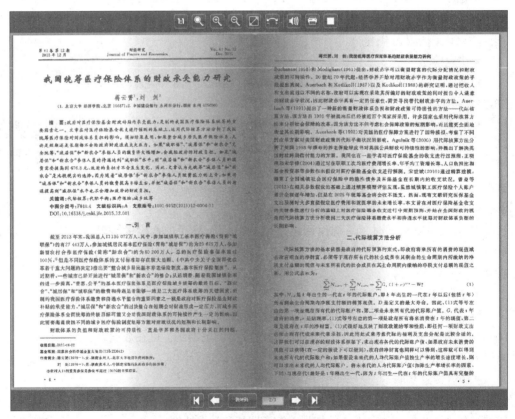

图6-2-6 整刊阅读界面

④ 机构检索与浏览。

● 快速检索

进入期刊数据库主页在快速检索框选择"机构",输入检索词,点击"检索"按钮,即可返回快速检索结果。

● 快速检索

对机构的高级检索中,检索字段包括"机构""作者"和"领域"。用户可以选择一个或多个字段,输入相应的检索词,字段之间的逻辑关系可选择"与""或""非"来组配。

> 系统最多可提供3个检索框进行检索。

● 检索结果

对机构快速检索时,系统返回结果可按照机构名排序。若检索结果不能满足检索要求,也可对检索结果按照"机构""作者"和"领域"进行二次检索。

● 分类浏览

国家哲学社会科学学术期刊数据库对机构提供两种分类浏览:按地区浏览机构和按照学科浏览机构。按照不同的分类浏览机构,可在数据库首页进入"作者索引",在界面右侧选择不同分类方式进行浏览。

● 机构信息获取

对于机构信息的检索结果,单击"详细信息"可打开作者个人主页,查看机构介绍、已发表的作品、发表期刊和学术评价。

> 该平台目前只有部分机构的相关介绍。

二、中国科技论文在线

1. 平台介绍

中国科技论文在线(http://www.paper.edu.cn/)是教育部科技发展中心主办的完全公益性科技论文网站,打破传统出版物的概念,免去传统的评审、修改、编辑、印刷等程序,旨在为科研人员提供方便、快捷的交流平台,提供及时发表成果和新观点的渠道,使新成果得到及时推广,科研创新思想得到及时交流。该平台对投稿采取文责自负的原则,要求投稿遵守国家法律,是学术范围内的讨论,有一定的学术水平,基本理论正确,且符合中国科技论文在线的基本投稿要求,一般可在7个工作日内发布。中国科技论文在线规定,所发表论文版权归作者本人所有。中国科技论文在线允许作者同时向其他专业学术刊物投稿[①]。

中国科技论文在线的主要栏目包括[②]:

(1)首发论文栏目

采用"先发布、后评审"的方式。作者自愿投稿的文章,经基本学术、规范格式初审,并确认无政治错误问题、涉密问题、署名问题,并未在任何媒介发表,达到网站发布要求后,一般在7个工作日内发布,发布后作者可自愿选择请同行专家对论文学术水平进行评审,进一步完善课题研究,

---

① 在线简介[EB/OL] http://www.paper.edu.cn/about/aboutme.html(2016-04-04).
② 栏目简介[EB/OL] http://www.paper.edu.cn/about/intro.html(2016-04-04).

与同行学者展开讨论。截至2022年11月，平台首发论文收录10万余篇科技论文，覆盖44个学科，用户可通过快速检索和全文检索功能搜索获取文章。

（2）优秀学者及主要论著栏目

根据学术建树和学术影响力，该栏目从数学、物理学、天文物理与空间科学、化学与化学工程、地球科学、农业与生物学、生命科学、健康与医学、药物与毒理学、工程、能源与技术、环境科学、力学、材料科学、计算机科学与信息技术、经济学与商务管理、其他学科及交叉学科领域内遴选出优秀学者，集中展示。栏目以优秀学者个人学术专栏为主体，围绕其提供多种浏览和检索形式，并辅以学者访谈和专题聚焦两个独立版块，对学术界的热点人物、热点话题进行深入的跟踪报道。

（3）科技期刊栏目

收录了由各大学主办的学报近几年发表的所有论文，并分别按照期刊名称、学科分类编排，方便科研人员查阅并扩大学报的影响，提高论文的引用率和期刊的影响因子，推动科技期刊上网工程。

（4）OA资源平台

OA在线资源集成平台集合了国内外各学科领域OA期刊的海量论文资源和OA仓储信息，并提供学科、语种等多种浏览方式，不仅实时更新各OA期刊最新发表论文，而且定期收录最新的OA期刊，方便用户查看不同领域的最新OA资源。平台提供多种检索功能，可按照论文题目、期刊题目、作者姓名、作者单位、出版社等多种字段进行高级检索，或全文检索，方便科研工作者从海量资源中快速而准确定位所需论文。

该平台还对国内外开放存取运动的兴起与发展进行详细介绍，并及时更新开放存取运动的最新动态，为不同用户了解OA提供了良好的信息资源。

除了上述栏目，平台还设有名家推荐精品论文栏目、自荐学者及主要论著栏目、热度视界栏目、博士论坛栏目、专题论文栏目、电子杂志栏目、高校认可栏目等特色栏目。

2. 使用方法介绍

（1）用户注册

中国科技论文在线将服务的对象分为注册用户和非注册用户两类。非注册用户只能以访客的身份，对网站进行部分检索、浏览和下载。注册用户可以使用网站的所有功能，享受更多便捷服务，包括投稿、评论、定制、添加私人标签、收藏站内外各类资讯、加入感兴趣的学术圈子等用户个性化功能。注册时需以个人常用电子邮箱作为用户名，并按要求如实填写个人信息，用户真实姓名注册后不可修改。注册成功后，系统将自动发送激活链接到注册时所填写的电子邮箱内，激活即可完成注册。

（2）论文检索

平台提供多种检索，主要包括论文快搜和高级检索。

① 论文快搜。平台主页（http://www.paper.edu.cn/）提供"论文快搜"入口，可检索全部论文，也可选择对首发论文、优秀学者、自荐学者、科技期刊、会议论文栏目下的论文进行限定检索，如图6-2-7所示。

图6-2-7　中国科技论文在线首页

② 高级检索。系统提供高级检索，可在主页点击"高级检索"按钮进入，如图6-2-7所示。高级检索页面中提供多种检索字段，包括全文、题目、作者、作者单位、摘要、关键词、基金，不同字段间可通过布尔逻辑词"与""或"和"非"组配，如图6-2-8所示。

对系统返回的检索结果可进行进一步筛选和限定。下载文献可直接点击检索结果中的PDF标识，如图6-2-9所示。

除了提供下载功能，用户在登录后，还可收藏文章。

图6-2-8　高级检索界面

图6-2-9　检索结果界面

三、Socolar OA资源一站式检索平台

1. 平台介绍[①]

Socolar数据库（http://www.socolar.com/）是中国教育图书进出口公司自主研发的一站式OA资源检索平台。该平台是国内首个综合性的开放式资源平台，旨在为用户提供OA资源检索和全文链接服务。Socolar数据库是非营利性项目，用户只要可以访问互联网，就可以不受任何限制地

---

① 平台介绍［EB/OL］http://www.socolar.com/js.aspx?#P1（2016-04-04）.

访问该平台。考虑到收集和整理工作的可行性，Socolar目前致力于收集和整理OA期刊和OA仓贮两类OA途径中的重要资源，收录资源的标准如下：

（1）OA期刊收录标准

旨在全面收录世界各地、各种语种的重要OA资源；优先收录经过学术质量控制的期刊（如经过同行评审的期刊）。完全OA期刊，一律予以收录。延时OA期刊，通常予以收录。部分OA期刊，采用一刊一议原则。提供免费服务的文章如果只局限于时事通讯报道等非学术论文，这样的期刊不予以收录。如果每期保持为用户提供数篇（一般在3篇或3篇以上）学术论文的免费服务，这样的期刊通常予以收录。对于需要注册访问的期刊，如果注册是免费的，且注册后可以免费访问全部或部分文章的，这样的期刊通常也予以收录。

（2）OA仓贮收录标准

收录提供全文资源服务的基于学科和机构的仓贮，同时也收录其他形式的仓贮，比如个人网站等。但下列仓贮不予以收录：网站是经常不能被访问的，网站是某一电子期刊服务平台，网站不包括OA资源内容，网站只是提供资源的书目信息或者只是提供外部链接途径，网站是馆藏目录或者是只能进行本地访问的资源库，网站是需要订阅的数据库平台，网站是实施控制访问的（需要免费注册的情况除外）。

> 个人用户只要可以访问互联网，就可以不受任何限制地访问Socolar平台，并免费使用平台提供的基本服务，包括检索和浏览等。

2. 使用方法介绍

（1）用户注册

用户在使用Socolar时，注册不是必要的步骤，但通过注册的用户可以享受平台提供的个性化服务。

（2）资源与平台的使用

平台基于OA理念并根据具体OA期刊和OA仓贮的规定，只要用户的使用是基于合法目的并在使用作品时注明相应的引用信息，便可免费阅读、下载、复制、传播通过平台检索到的文献。

> 用户不能使用Socolar进行大批量的下载。

（3）检索功能

平台提供快速检索和高级检索，用户通过两种方式对论文或期刊检索。

① 基本检索。在Socolar主页上方可找到基本检索框，选择"文章检索"或"期刊检索"即可进行相应的操作。"文章检索"，如提供标题、作者、摘要和关键词等限定字段，也可选择"全部字段"对上述所有字段检索，如图6-2-10所示。在"期刊检索"中，用户可按照刊名、ISSN和出版社为检索字段进行检索。选择需要检索的字段，输入检索词，点击文章检索或期刊检索，即可得到检索结果。

② 高级检索。若快速检索不能满足检索需求，还可采用高级检索，系统最多提供9个检索词输入框，可对标题、摘要、关键词、来源出版物、ISSN、出版社等进行限定检索，如图6-2-11所示。

图6-2-10 文章的基本检索

图6-2-11 文章的高级检索界面

目前平台的绝大多数全文存取在 OA 期刊和 OA 仓贮所有者的服务器上，用户只有通过 Socolar 链接到这些服务器上才能获取这些全文。已有一些著名的 OA 资源出版商和所有者与 Socolar 平台建立了合作关系，这些合作伙伴的全文可以在 Socolar 平台上直接下载。

合作伙伴见 http://www.socolar.com/part.aspx。

③ 期刊浏览。在平台首页点击"期刊"，即可查看收录期刊。Socolar 提供出版社、获取和首字母分类方式，点击不同的分类即可获得相关领域的期刊列表，每条记录后附有期刊网站链接，可直接点击进入，如图 6-2-12 所示。

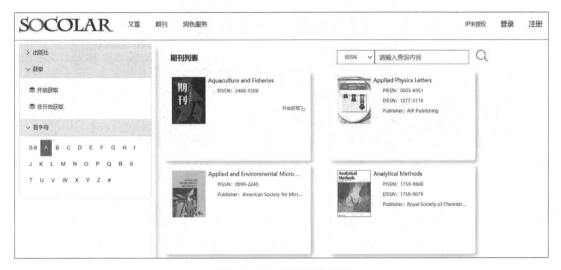

图 6-2-12　期刊浏览界面

四、国内机构知识库

1. 北京大学机构知识库

北京大学机构知识库作为支撑北京大学学术研究的基础设施，收集并保存北京大学教师和科研人员的学术与智力成果；为北京大学教师，科研人员和学生的学术研究和学术交流提供系列服务，包括存档、管理、发布、检索和开放共享。截至 2022 年 11 月 11 日，知识库拥有元数据记录超过 65 万条，文章作者近 60 万人，全文文献近 30 万篇，覆盖 1949～2022 年，浏览量超过 2 100 万，下载量超过 160 万，资源类型包括期刊论文、会议论文、学位论文、报纸、专利、专著等，语种包括中文和英文。

北京大学以外的用户主要可通过浏览和检索功能获取库中学术资源。

（1）检索功能

机构库支持多种检索功能，可以检索机构知识库中的全部数据，并获取全文。

① 检索界面。可通过 http://ir.pku.edu.cn/ 或 http://ir.pku.edu.cn/simple-search 进入检索界面，如图 6-2-13 所示。

图6-2-13 北京大学机构知识库主页

②检索规则。在检索框中输入检索词检索。检索词间若有空格将默认使用AND连接各关键词,如"检索题名=Politics Profit",则检索结果为题名中既含Politics又含Profit两个关键词的所有条目(与各关键词在题名中所处的位置无关)。

③高级检索。若快速检索和简单检索无法满足检索需求,可利用"显示高级过滤"进行更多条件限定。限制字段包括标题、作者、关键词、期刊、发表日期、收录数据库、ISSN、类型、语言,限定条件包括:等于、包含、ID、不等于、不包含和非ID,如图6-2-14所示。

如有需要,检索结果页面左侧还提供结果过滤,用户可对系统返回的检索结果按照作者、关键词、发表期刊、发表日期、收录数据库、ISSN、文献类型和语言筛选。还可依相关度、题名和发表日期进行降序或升序排列,或选择有限的显示条数。

【检索实例】通过高级检索方式检索2014年发表的标题中含有"网络安全"的文献。

【检索步骤】第一步:点击"显示高级过滤",选择"标题"字段,设定为"包含"条件,在检索框输入"网络安全",单击"添加"。

第二步:再次点击"显示高级过滤",选择"发表日期"字段,设定为"包

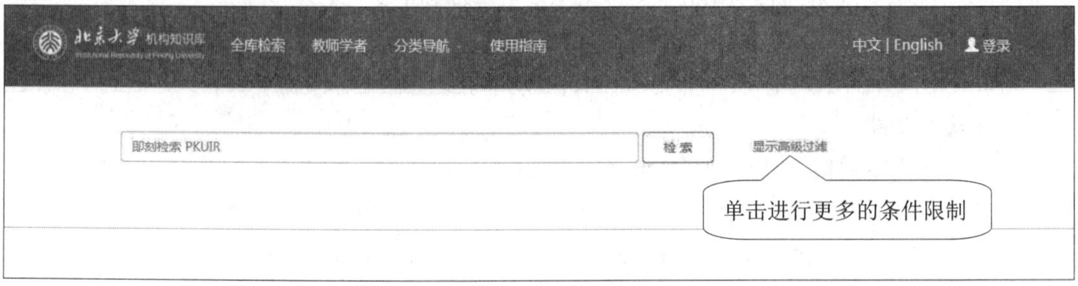

图6-2-14 高级检索功能

含"条件,在检索框输入"2014",单击"添加"。

第三步:如图6-2-15所示,共得到检索结果5条,具体的检索条件在检索框下方看到。

图6-2-15 结果过滤与显示

④ 下载功能。点击需要下载文献的标题,即可进入详细页面,页面右上方提供下载链接。

(2)浏览功能

进入机构库主页,点击"分类导航",即可按照学部、发表日期、作者、标题和关键词进行分类浏览。

除了文献等学术资源,北京大学机构库还提供学者页面。可在主页点击"教师学者"进入页面。学者页面构建了基于学者的学术网络,便于快速了解合作学者,多维度梳理和展示了学术成果。

通过浏览途径找到的文章也可下载,方法同上。

2. 西安交通大学机构知识库[①]

为有效保存与管理学校的知识资产,最大限度彰显和提升学校和学者在全球的学术影响力,西安交通大学图书馆构建了西安交通大学机构知识门户(http://www.ir.xjtu.edu.cn/index)。该平台提供机构、学者和统计3大功能平台,供学者个人、学院管理者和校级管理部门使用:

① 机构平台:收集历年来西安交通大学百名学者发表的学术成果,成果类型包括期刊论文、会议论文、学位论文、图书、专利、网络公开课等。各类成果按照学院、系所或国家重点实验室展示,并提供成果收录情况、期刊影响因子及成果被引频次。

② 学者平台:汇集、展示了该校百名学者学术生涯发表的学术成果。

[①] XJTU Academic Hub [EB/OL] ——关于我们 http://www.ir.xjtu.edu.cn/web/aboutus.jsp (2022-11-11)。

可动态追踪学者的学术成果被收录的情况、期刊影响因子及成果被引频次等,还可通过可视化图谱揭示学者学术科研网络。

③ 统计平台:支持不同粒度的成果统计方式,便于学院管理者、学校管理部门了解、掌握本校及院系成果发表类型及趋势,通过统计数据分析,预测学科发展等。

西安交通大学机构知识门户提供4种全文获取方式:DOI、西安交通大学学术资源发现系统、本地下载和联系作者获取副本。机构库资源每半年批量更新一次,机构个人可随时提交成果和修改个人信息,学院或科研秘书可随时提交或更新本单位的成果。截至2022年11月11日,机构库资源超过43万条,其中29万余条期刊论文。

机构库提供快速检索和高级检索,如图6-2-16所示。快速检索框可在知识库首页找到,选择检索字段(标题、关键词、摘要、作者),输入检索词,单击检索图标即可。此外,系统还提供高级检索功能,可在页面上方点击高级检索按钮进入。

图6-2-16 西安交通大学机构知识门户首页

如图6-2-17所示,在高级检索界面中,可选的文献类型包括期刊论文、会议论文、学位论文、专著、译著、编著和专利,或是以上全部类型资源。高级检索的检索字段包括标题、作者和摘要,不同检索字段间可选择或、与、非3种布尔逻辑检索词,并设定为精确检索或是模糊检索。但需要说明的是,在高级检索中进行多条件检索,系统按照顺序运算,如"开放获取

图6-2-17 高级检索界面

或 开放存取 与 图书馆",即"(开放获取 或 开放存取)与图书馆"。此外,还可限定具体所属机构和年份。

高级检索最多可增加到5个检索框。

并非机构库中所有的资源都提供全文下载,对有全文的记录可点击进入文章详细信息页面如图6-2-18所示。

图6-2-18 文章详细信息页面举例

除检索功能外，还可通过浏览功能发现机构库的资源。系统提供按照院系、文献类型、年份、语言、收录类型和有无全文进行分类浏览，如图6-2-19所示。

图6-2-19　机构浏览界面

思考与练习

一、判断题

1. 非注册用户可在国家哲学社会科学学术期刊数据库中浏览文章全文，但下载文章前须注册。（　　）

2. 国家哲学社会科学学术期刊数据库提供多种检索,从检索方法上可分为快速检索和高级检索,在检索对象上可分为论文检索、期刊检索、作者检索和机构检索。( )

二、选择题

1.( )是由全国哲学社会科学规划领导小组批准建设,中国社会科学院承建的国家级、开放型、公益性的哲学社会科学信息平台,具体责任单位为中国社会科学院图书馆(调查与数据信息中心)。

    A. 国家哲学社会科学学术期刊数据库

    B. 中国知网

    C. 中国预印本服务系统

    D. 中国科技论文在线

2. 北京大学机构知识库作为支撑北京大学学术研究的基础设施,收集并保存北京大学教师和科研人员的学术与智力成果,为北京大学教师、科研人员和学生的学术研究和学术交流提供系列服务,包括存档、管理、发布、检索和( )。

    A. 订阅   B. 开放共享

    C. 审核   D. 出售

三、填空题

1. Socolar目前致力于收集和整理 _____ 和 _____ 两类OA途径中的重要资源。

四、简答题

1. 请列举国内知名的机构知识库。

2. 请列举一些常见的OA资源。

第七章

互联网信息审核

随着信息技术的发展和智能终端的普及，互联网已经成为人们工作、学习和生活不可缺少的一部分。互联网内容从文字、图片、音频到短视频、直播，呈现形式层出不求，内容主体不断丰富。形态多样、主体多元的互联网信息，不可避免地出现与政策不符、低俗、暴力等种种问题。随着5G商用，人工智能、大数据、元宇宙等技术发展，网络内容和流量呈爆炸式增长，大幅度突破传统媒介范围，内容审核难度不断攀升。为了营造良好网络生态，保障公民、法人和其他组织的合法权益，维护国家安全和公共利益，互联网信息内容的风险把控非常必要，也非常需要专业人员来对互联网信息进行审核。《国家职业技能标准网络与信息安全管理员（2020年版）》中明确指出，网络与信息安全管理员职业分为网络安全管理员、信息安全管理员和互联网信息审核员三个工种。

第一节 互联网信息识别

一、文本识别

1. 中国少数民族语言

中国有55个少数民族，每个民族都有自己独特的语言，有的民族还不止一种。已知的中国少数民族语言已经超过了百种，其中最"大"的是壮语，最"小"的是台湾省的噶玛兰语。据不完全统计，中国各民族一共使用着5个语系，分别是阿尔泰语系、印欧语系、汉藏语系、南亚语系和南岛语系[1]。

阿尔泰语系的现代语言分布在新疆维吾尔自治区、内蒙古自治区以及甘肃、青海、黑龙江、吉林、辽宁，分属突厥、蒙古、满-通古斯三个语族。突厥语族包括西匈和东匈两个语支。西匈语支包括维吾尔语、哈萨克语、乌孜别克语、塔塔尔语、撒拉语。东匈语支包括柯尔克孜语、西部裕固语、图佤语。蒙古语族包括蒙古语、达翰尔语、东部裕固语、土族语、东乡语、保安语、康家语。满-通古斯语族包括满和通古斯两个语支。满语支包括满语、锡伯语、赫哲语。通古斯语支包括鄂温克语、鄂伦春语。

印欧系少数民族语言在中国境内主要分布在新疆维吾尔自治区，主要是塔吉克语和俄语。塔吉克语分布在新疆维吾尔自治区的塔什库尔干塔吉克自治县，俄语分布在新疆维吾尔自治区北部及内蒙古自治区的额尔古纳右旗。

汉藏语系是中国境内分布最广、使用认可最多的一个语系。一般来说，汉藏语系除汉语外还可以再分为藏缅、苗瑶、壮侗三个语族。在中国境内，藏缅语族40多种语言，分属藏、羌、彝、缅、景颇五个语支。苗瑶语族包括苗、瑶、畲三个语支。苗语支包括苗语、布努语、巴哼语、炯奈语、优诺语。瑶语支主要是勉语，分布在广西壮族自治区、湖南、云南、贵州、广东、江西等省。畲语支主要是畲语，主要分布在广东省的博罗县和惠东县。壮侗语族在中国境内有17种语言，分属壮傣、侗水、黎和仡央语支。

南亚语系在中国境内有6种语言都属于孟-高棉语族，包括佤语、布朗语、德昂语、京语、俫语、克木语。

南岛语系在中国境内分布在海南和台湾，有回辉语、排湾语、布嫩语等20多种语言，都属于印度尼西亚语族。

2．文本特征提取方法

文本特征提取主要是对文本表示的向量进行降维，提高文本分类的准确性。文本特征提取的常用方法分为基于机器学习的方法和基于深度学习的方法[2]。基于机器学习的方法常采用算法有词频、文档频率、信息增益、互信息、期望交叉熵、文本证据权、优势率等。基于深度学习的方法有卷积神经网络、循环神经网络等。TF-IDF（term frequency-inverse document frequency）是在卷积神经网络结构中的组成部分之一，主要是用来计算词权重的方法之一，同时也是特征向量化的常用方法。

3．文本翻译工具使用方法

一般来说，文本翻译指的是txt、doc、wps等后缀名的文档进行翻译。文本翻译工具支持对文本进行翻译，支持中文翻译成英文，英文翻译为中

---

[1] 聂鸿音．中国少数民族语言［M］．北京：语文出版社，2007．
[2] 刘蕊．文本情感特征提取方法研究［D］．杭州：浙江大学，2018．

文等多种切换模式。现阶段文本翻译工具很多，例如网易有道词典、百度翻译、翻译器、有道翻译官、翻易通等APP，还可以通过微信、手机自带相册工具、微信小程序等工具进行文本翻译。

例如，使用华为手机自带的相册工具进行文档翻译的操作步骤如下：

第一步：将文档截图保存至手机相册。

第二步：在手机相册中，单击选中图片，双指长按图片，弹出"提取文字"界面，涂抹选中所要翻译的文本，单击【翻译】按钮，弹出"翻译"界面，如图7-1-1所示。

第三步：将翻译为的语言改为"英文"，在"译文"区域可以看到翻译后的文字，如图7-1-2所示。单击【复制译文】按钮可以复制译文，如图7-1-3所示；单击【分享】按钮可以将译文分享给微信好友、发送到电脑等。

图7-1-1 选中翻译文字页面

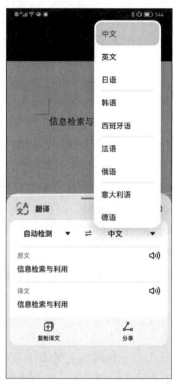
图7-1-2 翻译语言选择页面

图7-1-3 "复制译文"页面

4．互联网文本信息

文本信息是用户表达个人理念较为集中的媒介。互联网文本信息包括昵称、简介、自创文字、符号等。

昵称是指网民在使用互联网时，给账号取的名字。社会组织、物品等作为账号主体时，也可作为昵称。在部分网络环境中，昵称不允许重复。网络昵称常用简体中文，繁体中文，自创文字，数字，英文，符号，等等进行编写。如：

> 落叶风范、麥兜響當當、事實証日月、9678、Alexander、O(∩_∩)O

简介是简要介绍某人、某事、某单位等的文字材料。在互联网中，简介主要指网民对自己或要表述的社会组织、物品等的简单介绍，通常以文字形式为主；在语音社交功能较强的工具中，语音简介较多；在电商网站中，对商品的视频简介较多。如：

> 可爱的少男一枚、某某组织官方微博、某某公司是提供教育解决方案的公司

短文本通常在140字以内，以表达意愿、进行社交或记录生活状态为主。如：

> 【清明，送朵[菊花]，致敬英烈！】#英雄不能遗忘#，清明追思，缅怀英烈！
> 【娃娃们还在车上！#司机突发脑溢血拼力救下17中学生#】

长文本与短文本相同，通常字数在200字以上，一般无固定标准，各网络公司一般都有自己的划分体系。在网络文学类创作、引用文章内容等情况下，多用长文本形式。长文本因需要处理的字数较多，在互联网企业内部通常单独审核。如：

> 华夏族是汉族的前身，华夏又称"华""诸华""夏""诸夏""中夏"。是古代居住于中原地区的汉民族的先人为区别四夷（东夷、南蛮、西戎、北狄）的自称，又称中华。
> 华与夏曾相互通用，"中华"又称"中夏"。孔子视"华"与"夏"为同义词。华夏族是炎黄子孙，华夏是礼仪之邦。在甲骨文中，"华"这个字的地位非常崇高。
> 汉朝以后又称汉人，但是华夏这个称谓并没有因此消失，而是延续至今。20世纪之前使用得最多的称谓是"华夏人"。比如汉朝多以"华夏人"自居。而明朝既以汉自居也以华夏自居，两个词为同义词。总之，汉族和华夏族作为整体族称是自从汉朝到现在最普遍的。
> 华夏民族分为许多部落，活跃于黄河、长江流域，自黄帝时统一为华夏部落联盟。传说，其中比较著名的首领有有巢氏、燧人氏、伏羲氏、朱襄氏、神农氏（炎帝）、黄帝（轩辕氏）、尧、舜、禹、少昊、共工、颛顼（高阳氏）、帝喾（高辛氏）、祝融等。其中，依据中国历史大系表记载：有巢氏位列五氏之首，被誉为华夏"第一人文始祖"，发展至后来为炎帝和黄帝共主。华夏族在黄河、长江流域留下了众多的文明遗址。

特殊形式的文本，通常采用少见的文字、外语、自创文字、符号等进行组合，或采用批量文字、符号组合等隐藏真实意图的形式，需要一定经验才能识别特殊形式文本的真实含义。一般情况下，特殊形式文本只有两个表达作用，一是表达作者的个性，二是规避监管。如：

> ①床前明月光，二疑是地上霜，叁举头望明月，嗣低头思故乡
> 此案例四段文字开头隐藏了1234

二、图像识别

1. 图像识别的发展阶段

图像识别是指利用计算机对图像进行处理、分析和理解，以识别各种不同模式的目标和对象的技术，是应用深度学习算法的一种实践应用。图像识别的发展经历了三个阶段：文字识别、数字图像处理与识别、物体识别。文字识别的研究是从1950年开始的，一般是识别字母、数字和符号，从印刷文字识别到手写文字识别。数字图像处理和识别的研究开始于1965年。数字图像与模拟图像相比具有存储、传输方便，可压缩，传输过程中不易失真，处理方便等巨大优势。物体的识别主要指的是对三维世界的客体及环境的感知和认识，属于高级的计算机视觉范畴。它是以数字图像处理与识别为基础的结合人工智能、系统学等学科的研究方向。

2. 图像识别的基本流程

图像识别技术的过程分以下几步：信息的获取、预处理、特征抽取和选择、分类器设计和分类决策。信息的获取是指通过传感器，将光或声音等信息转化为电信息。预处理主要是指图像处理中的去噪、平滑、变换等的操作，从而加强图像的重要特征。特征抽取和选择是指在模式识别中，需要进行特征的抽取和选择。分类器设计是指通过训练而得到一种识别规则，通过此识别规则可以得到一种特征分类，使图像识别技术能够得到高识别率。分类决策是指在特征空间中对被识别对象进行分类，从而更好地识别所研究的对象具体属于哪一类。随着科技的不断进步，利用深度神经网络模型可以完成对图像中的内容、人物、车辆、房屋等信息进行检测与识别。

三、音频识别

声音是由物体振动产生的声波。中国是由56个民族组成的多民族国家，在音视频中经常出现不同民族与汉语及各民族语言的组合。在音视频中，常见的MP3、WMV等格式都是压缩格式，必须转成非压缩的纯波形文件来处理。

在开始音视频中的声音识别之前，通常情况下需要把首尾端的静音切

除，降低对后续步骤造成的干扰。这个静音切除的操作一般称为 VAD，需要使用信号处理技术。要对声音进行分析，需要对声音分帧，即把声音切开成一小段一小段，每小段称为一帧。分帧后，语音变成很多小段。波形在时域上几乎没有描述能力，必须将波形做变换。常见的一种变换方法是提取 MFCC 特征，根据人耳的生理特性，把每一帧波形变成一个多维向量，可以简单地理解为这个向量包含了这帧语音的内容信息。这个过程叫做声学特征提取。基于声学模型及语言模型的处理能力将音视频中的音频内容进行识别。声学模型和语言模型都使用大量的语音数据和文本数据信息训练出来。

四、综合识别

1. 互联网产品

纵观 Windows 98 发布至今，互联网时代极大地方便了用户间的交流，促使用户生成内容（UGC）兴起。用户社交、用户流量成为互联网经济主导，用户逐渐成为真正的互联网之主。多元素组合是当前主要互联网产品的展示形式，也是互联网信息审核最主要的内容。门类众多的互联网产品，主要由文本、图像、音频三种元素组成。三种元素互相组合，侧重展示，成为众多的互联网产品。现阶段主要互联网产品形态包括长视频、短视频、直播、微博、论坛等。长视频和短视频是由视频发布者提供，通过已经录制并剪辑好的视频来讲述内容。直播是一种变相的视频展示，通过在线视频方式来讲述内容。微博、论坛是文本、图片交流的主要阵地，以文本、图片形式讲述内容。

在所有互联网产品的诞生和兴起阶段，技术往往不是入行门槛。现在流行的短视频、直播、直播带货等产品，其实在2G时代就已经在网页上大行其道。前几年流行的微博，当前流行的抖音、快手、微信等，这些互联网产品更新迭代至今，其实基本形态早而有之，只不过随着时代的发展、用户群体爱好的转变而流行起来。互联网用户群体的爱好，决定了互联网产品的兴衰。所有产品展示内容大都以取悦用户为核心。螺旋中前进的互联网产品，螺旋的不是产品和技术，是用户群体的爱好转变。

2. "跨界"的互联网信息

在社交互联网产品中，直播是很火的社交形式之一，开展内容健康向上的优秀直播，不仅是用户自身表达美好意愿的需要，也是平台发展的需要，但出于种种原因，总是有不合规的内容出现。以直播自养宠物为例，直播野生动物、昆虫等自养宠物，难免会提到捕捉、交易、食用、放生等行为，这些行为应用于普通动物、昆虫并不违规，应用到国家保护野生动物和外来物种等，就值得商榷。野生动物直播是常见的"跨界"攻防战案例，在专业领域发布非专业内容是最常见的"跨界"类型。国家保护动物虽然有官方提供的名录，但大多数人并非相关专业出身，对名录上的动物不甚了解，加上野生动物生存有其特定的环境需求，一般人接触不到，所以很多主播对自己的宠物是否属于国家保护动物并不了解，出现过多次违规直播。对于保护野生动物，国家有明确法律规定：

> 《中华人民共和国野生动物保护法》规定：禁止出售、购买、利用国家重点保护野生动物及其制品；禁止网络交易平台、商品交易市场等交易场所，为违法出售、购买、利用野生动物及其制品或者禁止使用的猎捕工具提供交易服务；任何组织和个人将野生动物放生至野外环境，应当选择适合放生地野外生存的当地物种，不得干扰当地居民的正常生活、生产，避免对生态系统造成危害。

互联网信息的复杂性、复合型，决定了"多模块-综合审核"是信息安全审核的主流。即在审核页面或全面展示信息，或添加相关信息链接，做到实时能查看完整的互联网信息。

3．典型案例样本库

样本库是指在互联网信息审核中，将典型案例汇总成的合集。样本库的产品化是指由于互联网产品的定位不同，其产品内容以定位为主要方向，造成符合产品定位的内容样本集中，非产品定位内容样本较少。比如，短视频平台上，文字内容就少；某一领域的专业论坛上，非专业内容就少。

样本库产品化本身不是问题，只是无法应对复杂多变的用户上传内容。为应对复杂多变的情况，需要不断丰富样本库，建立"发现问题—补充样本—解决问题"的良性循环。基于丰富的样本库，可以对信息进行全面审核，并可以利用综合识别工具辅助审核。

4．识别有害互联网信息

内容安全与违法违规是有区别的。内容安全包括法律安全、道德安全和政治安全。内容审核的最终目的是为人民服务。识别互联网信息是否有害，就是要识别信息是否符合我国的相关监管政策，我国的监管政策包括宪法及其相关法律、经济法、社会法、刑法、行政法规、部门规章、司法解释、规范性文件等。以下为代表性监管处罚案例：

> **中小学网课平台违法有害信息清理**
>
> 网络"云课堂"已成为广大中小学生疫情防控期间网上学习的重要渠道，但部分中小学网课平台上课期间弹出广告，甚至出现色情赌博等违法有害信息，严重破坏网上教育教学秩序、侵害未成年人身心健康。公安机关对此高度重视，部署开展为期四个月的"中小学网课网络环境专项整治"工作。落实主体责任、打击违法犯罪、净化网络环境。

具体措施： 密切配合网信、教育部门深入推进"涉未成年人网课平台专项整治"，督促指导相关企业落实主体责任、健全完善安全管理制度措施；依法严厉打击涉网课平台违法犯罪活动；指导网络行业协会开展抵制低俗不良信息，净化中小学网课环境，全力遏制中小学生网课平台违法有害信息传播，保护未成年人健康成长。

举报内容：

网课平台传播颠覆国家政权、破坏国家统一等危害国家安全内容的视频、图片、链接、二维码等信息。网课平台传播含淫秽色情、网络赌博内容的视频、图片、链接、二维码等信息。网课平台传播教授、教唆制作、贩卖毒品类内容的视频、图片、链接、二维码等信息。网课平台传播含血腥暴力、凶杀恐怖、教唆自杀自残以及其他违法内容的视频、图片、链接、二维码等信息。网课平台传播宣扬邪教思想的视频、图片、链接、二维码等信息。网课平台传播含低俗恶俗、教唆早恋、拜金拜物、校园霸凌等内容的视频、图片、链接、二维码等信息。网课平台传播散布不良网络社交行为的视频、图片、链接、二维码等信息。网课平台传播其他危害未成年人身心健康的视频、图片、链接、二维码等信息。网课平台涉嫌违法违规收集使用个人信息、敲诈勒索、诱骗未成年人充值等其他违法违规行为。涉网课平台的其他违法犯罪线索。

举报平台： "网络违法犯罪举报网站" http://cyberpolice.mps.gov.cn

举报路径：

在网络违法举报网站中找到"我要举报"功能模块，"举报类型"请选择"中小学网课"类别。提倡实名举报（请填写真实姓名、身份信息及准确联系方式），平台将依法为举报人保密。

图7-1-4 网络违法犯罪举报网站首页

举报要求：

举报材料详实具体、要素齐备。举报线索应包含事发时间、事件描述、涉事网课平台名称（含网址或下载链接等）、传播的违法有害信息网址或相关信息，以及截图或录屏证据等举报材料。

禁止虚假、恶意举报。举报人必须实事求是，不得虚构、夸大、捏造事实，严禁借举报名义对他人诬告、陷害。对恶意举报、诬告陷害他人的，依法追究法律责任。

来源：公安部网安局. 公安机关启动中小学网课平台违法有害信息清理专项行动. https://mp.weixin.qq.com/s/3JbsUH9iBEPAa12NoQaiiA.

第二节 联网信息审核

一、审核规定制定

1. 互联网通用审核规则

常见的审核规则，是互联网企业根据法律法规和监管部门政策精神，与企业自身业务相结合，制定的判断细则合集。审核规则制订逐渐呈现产品化、专业化的趋势。审核规则产品化是指审核规则的制定，要符合产品本身的形态。审核规则专业化是指审核规则要将国家法律法规和监管部门政策与产品形态、企业实际情况相结合，制定出既合法合规又便于操作执行的审核规则。

互联网通用审核规则有很多，例如，2021年12月15日，中国网络视听节目服务协会发布了《网络短视频内容审核标准细则》（2021），包含21类、100条细则。该细则是基于国家相关法律法规、《互联网视听节目服务管理规定》和《网络视听节目内容审核通则》制定。

2. 提取互联网信息核心内容

互联网信息审核，需要对互联网信息有完整、全面的分析，并在众多信息内容中准确把握主旨。在将互联网信息进行完整、全面的分析后，再进行汇总归纳，提取主旨，这是进行审核工作的最主要依据。以下为案例：

外交部回应美鼓吹对中国第二阶段溯源：溯源需多国多地开展

2021年7月9日，外交部发言人汪文斌主持例行记者会。有记者提问，近期美方一些人推动世界卫生组织开展针对中国的第二阶段溯源调查，中方对此有何评论？

汪文斌回应称，溯源是科学问题，应当尊重科学、尊重事实。今年3月发表的《中国和世卫组织新冠病毒溯源联合研究报告》明确指出，溯源工作应基于全球视野，未来溯源工作不会局限于某一区域，需要多国多地开展。

从新冠肺炎流行的总体情况来看，越来越呈现多个源头、多点爆发。美国新泽西州贝尔维尔市市长称，他本人于2019年11月就已感染新冠病毒，检测结果也显示他已拥有新冠病毒的抗体，这比报道的首个新冠确诊病例早了两个多月，也早于中国报告的首个病例的时间。

　　我们还看到了其他一些有关新冠病毒早于武汉疫情就在多国多地传播的研究结论。无视上述事实，无视世卫专家权威报告，鼓吹针对中国的所谓"第二阶段溯源"，不是寻找病毒来源的正确之道，而是将病毒标签化。将溯源政治化的政治操作，只会干扰破坏国际溯源合作。国际社会应当自觉的抵制在溯源问题上的各种政治操纵行为，按照世卫联合专家组提出的建议，在多国多地开展溯源研究，确保未来能够有效防止和应对可能再次出现的大流行。

来源：人民日报

案例信息主要内容分析与提取：

互联网信息要做到把握主旨，就需要将案例中每一段内容进行分析。

第一段：中方如何评论美方推动世界卫生组织开展针对中国的第二阶段溯源调查；

第二段：汪文斌回应，今年3月发表的《中国和世卫组织新冠病毒溯源联合研究报告》明确指出，溯源工作应基于全球视野；

第三段：新冠肺炎呈现多个源头、多点爆发。美国新泽西州贝尔维尔市市长于2019年11月就已感染新冠病毒，也早于中国报告的首个病例的时间。

第四段：将病毒标签化，将溯源政治化，只会干扰破坏国际溯源合作。

基于分析的结果，根据抓大放小、抓主放次、透过现象看本质等原则，将主旨提炼出来加以汇总。

抓大放小：在四段主旨中，"世界"大于"中国""美国"。

抓主放次：新冠病毒溯源工作应基于全球视野，把目光盯住一个国家，是片面的。

透过现象看本质：美国为何无视客观事实，针对中国，同时拖延全球治理新冠脚步？美国要维护自己的全球霸权，打击中国崛起，打压全球繁荣。

二、内容关联审核

1．根据国家法律法规对互联网信息进行关联审核

对法律法规相关内容进行关联拓展审核，对净化网络环境十分重要，要遵循权威性、全面性、多样性的基本原则。

以《中华人民共和国未成年人保护法》为例，在具体法律条文下写出关联内容。

法律条文：
第二章　家庭保护
第十七条　未成年人的父母或者其他监护人不得实施下列行为：
（一）虐待、遗弃、非法送养未成年人或者对未成年人实施家庭暴力；
关联内容：
对未成年人实施暴力的一切场景，都应作为互联网信息审核屏蔽点。

法律条文：
第四章　社会保护
第五十六条　未成年人集中活动的公共场所应当符合国家或者行业安全标准，并采取相应安全保护措施。对可能存在安全风险的设施，应当定期进行维护，在显著位置设置安全警示标志并标明适龄范围和注意事项；必要时应当安排专门人员看管。
大型的商场、超市、医院、图书馆、博物馆、科技馆、游乐场、车站、码头、机场、旅游景区景点等场所运营单位应当设置搜寻走失未成年人的安全警报系统。场所运营单位接到求助后，应当立即启动安全警报系统，组织人员进行搜寻并向公安机关报告。
关联内容：
任何危险场所，都应有足够的未成年人保护措施。

法律条文：
第五章　网络保护
第七十六条　网络直播服务提供者不得为未满十六周岁的未成年人提供网络直播发布者账号注册服务；为年满十六周岁的未成年人提供网络直播发布者账号注册服务时，应当对其身份信息进行认证，并征得其父母或者其他监护人同意。
关联内容：
网络直播难以准确检测一个人是否为未成年人，所有相关内容都需进行检查，进行综合评估。

2．根据监管部门要求对互联网信息进行关联审核

互联网信息专业化拓展是指从内容安全角度，对互联网信息进行全方位拓展，为关联审核提供充足参考依据。

以新冠病毒为例，主要扩展方向有：

时间：新冠疫情在全球延续，至今未停止。

地点：全球爆发，形势严峻。
人物：各国领导人、各国疫情中突出人物。
事件：各国政策、各国典型案例。
民族：世界主要民族。
宗教：世界主要宗教。
语言：世界主要语言。
历史：与中国历史冲突较多的国家。
制度：各国与中国不同国体、政体的讨论。
突发：突然发生的重大事件。

3．根据监管部门要求对互联网信息进行关联审核

（1）互联网信息衍变方向

互联网信息衍变有三个主要方向：法律底线、道德底线、监管部门要求。法律底线是任何互联网信息都必须遵守法律法规；内容审核目的是为人民服务，触碰道德底线内容必须批判；互联网信息审核员知识面有限、能力有限，必须在监管部门指导下进行工作，才能确保互联网信息审核工作在党的领导下正确进行。

（2）互联网信息衍变形式

衍变是指演变、发展变化。信息表现的是客观事物运动状态和变化的实质内容，互联网信息衍变形式多种多样。以文本举例，通常有六种：同音、同形、同义、变体、衍生和译文。

表7-2-1 互联网文本信息的衍变形式

序号	衍变形式	解释
1	同音	读音相同，如1和一
2	同形	形状相似，如络和纟各
3	同义	两个词意义相同，如西湖和钱塘湖
4	变体	同一个字、词的不同书写形式，如1和①，国和國
5	衍生	主要指网友普遍使用的自创词，如火前留名和火钳刘明
6	译文	主要指不同文字翻译，如土豆和potato

三、质量复核

1．对审核结果进行质量审核

质量审核是为了帮助互联网信息审核员提升业务质量，对其已经审核过的内容，进行再次审核的行为。对审核结果进行质量审核具有改错归正、统一尺度、统一认识、统一思想等意义。互联网信息审核工作是人机协同的工

作，无论是人和机器，都会有出错的可能，质量审核能帮助纠错，提升业务质量。审核尺度是互联网信息审核中比较难统一的工作内容，逐级的质量审核，可以使审核团队的审核尺度趋向统一。每个人都有自己的人生观、世界观、价值观，反映在互联网信息审核工作上也是如此，人们固有的认知影响着判断，只有统一认识才能做出统一判断。思想意识形态是互联网信息审核中必须坚持放在第一位的要素，只有在监管部门指导下，不断地进行逐级质量审核，才能确保互联网信息审核员始终把坚持和贯彻党的领导执行到位。

因互联网信息形态不同、互联网产品形态不同等原因，质量审核有不同的工作方法，但其工作原理是相通的。普遍的工作原则是全面覆盖、重点针对和案例汇总。在质量审核初期，目标是全量监测；在检测出问题后，针对问题进行重点质量审核；对失误案例进行汇总，形成案例汇总。

2．质量审核多维度分析

质量审核的目的是实现业务质量提升。在质量审核结果出来后第一时间，需要改正纠错，集中检查是否有类似错误。纠错之后，就是分析错误原因。分析错误原因要从全局着眼，要搞清楚出现错误的主要原因，包括是主观还是客观、是培训不到位还是考核不到位、是一个人的问题还是普遍的问题等。

在日常工作中，可以使用Word、Excel等办公软件分析归纳质量审核结果。目前主流的办公软件是微软公司的Office系列和金山公司的WPS系列，前者应用面较广，其中Word和Excel应用最普及。用到的Word基本功能包括文字编辑、表格处理、文件管理、版面设计、制作Web页面、拼写和语法检查、制作简单的图片等。用到的Excel基本功能包括数据记录与整理、数据加工与计算、数据统计与分析、图形报表的制作、信息传递和共享、数据处理的自动化功能等。

3．撰写质量审核结果报告

质量审核报告撰写维度与质量审核维度一致，主要看是主观还是客观、是培训不到位还是考核不到位、是一个人的问题还是普遍的问题等。

质量审核报告撰写原则包括如实反映真实数据、如实记录客观事实、突出重点问题、突出重点人员和突出历史对比。

第三节　风险管控

一、案例汇总

1．汇总典型案例

汇总产品化的典型案例。在互联网信息审核过程中，大多数典型案例产生于互联网产品中，互联网产品的形态可以将其作为汇总典型案例的形态。例如，论坛是以文字讨论为核心内容的地方，其中图片、音频、视频等内容相对就少，除文字外的相关案例也就较少。

汇总非产品化的典型案例。汇总非产品化的典型案例也称为典型案例的去产品化。典型案例的去产品化指的是汇总典型案例的同时，对非产品主要内容案例，进行适当的收集。在收集典型案例的过程中，往往会忽略一些非产品化的案例，有时会产生这类案例很少遇到没必要收集的心态，这种想法会严重影响案例收集质量和水平。

在汇总工作中典型案例的时，一般要遵循的案例汇总原则包括分类汇总、突出重点、突出新问题、突出历史比较等。分类汇总有助于把握案例形成的规律，找到本质特点，有助于在多角度分析中学习和积累经验。突出重点是要善于抓住主要矛盾和矛盾的主要方面，在案例汇总时突出重点可以进一步明确案例的重点和关键，有利于以点带面发挥案例的更大价值。随着环境、技术的改变，在互联网信息审核过程中会出现一些新问题、新矛盾、新内容，在案例汇总时要对新问题及时梳理、整理和总结，有利于不断更新知识，丰富案例内容，提升实践本领。历史比较是指对不同时期社会现象的异同点进行比较和分析，揭示社会现象的发展趋势或一般模式的社会学研究方法。在案例汇总时突出历史比较，通过历史现象的比较研究有利于进一步揭示案例所反映的事物本质和规律，有利于对案例有更深的认识和思考。

2．撰写工作统计报告

互联网信息审核工作报告是要向上级或监管部门报告当前工作情况。在报告形式上，需注意：实事求是、用语严谨、条理清晰、简明扼要和不加入主观意识。在报告内容上，需注意：内容客观真实、数据准确有效、从全局着眼、从细微处着手、突出重点。

二、策略制定

1．建立安全事件预警机制

在互联网信息审核中，需要建立网络与信息安全事件预警机制、内容安全事件预警机制等安全事件威胁预警机制。建立健全网络与信息安全事件预警机制，建成快速、安全、高效的反应机制，对支持互联网信息审核工作十分重要。内容安全事件预警机制，本质上同网络与信息安全事件预警机制不同，核心是针对互联网信息本身携带的内容，目的是确保互联网信息的政治安全、社会安全、法律安全、道德安全。

2．设计响应级别和应急预案

一般来说，网络与信息安全突发事件是指中心信息系统突然遭受不可预知外力的破坏、毁损、故障，发生对国家、社会、公众造成或者可能造成重大危害，危及公共安全的紧急事件。为提高中心处置网络与信息安全突发事件的能力，形成科学、有效、反应迅速的应急工作机制，确保重要计算机信息系统的实体安全、运行安全和数据安全，最大限度地预防网络信息安全突发事件，减少其造成的损害，保障信息安全，需要制订网络与信息安全预案。网络与信息安全风险响应等级和预案，主要由网络安全管理员和信息安全管理员制定，互联网信息审核员需要配合和协助。

内容安全风险等级是在风险辨识、风险评估的基础上，根据内容风险等级标准确定的风险级别。根据互联网产品形态和互联网信息展现形式不同，内容安全风险等级大致可以分为三个大等级，分别是针对单条信息及其关联内容进行处理、针对多条信息及其关联内容进行处理和针对整个产品全部信息及其关联内容进行处理。

3．执行内容安全策略

内容安全策略指的是针对互联网信息从产生到上传、审核、发布、巡检全过程制定的，确保内容安全的完整动态工作体系。

内容安全策略产品化指的是内容安全策略每一个细节都要落到实处，都要能够落地，让互联网信息审核员可以执行。

内容安全策略去产品化指的是内容安全策略要从大局着眼，把实际存在但很少出现的问题也要包括其中。

内容安全策略产品化和内容安全策略去产品化两者侧重内容有所不同，却又统一在内容安全策略体系中。例如，预设一条规则是：互联网上只能出现标点符号，不能出现其他内容。在此案例中，产品化指的是把所有标点符号做成样本，凡是与样本不符合的信息全部处理；去产品化指的是所有由标点符号组成，表达其他意义的内容也要全部处理，是"凡有嫌疑皆处理"。

4．配合监管部门取证

调查取证是指有调查取证权的组织或个人为了查明案件事实的需要，向有关单位、个人进行调查、收集证据。监管部门取证需具体问题具体分析，总体来说分为三个层面：内容安全层面、信息安全层面和网络安全层面。三个层面经常会有交叉部分，需要多部门协作，共同配合好监管部门的工作。例如，公安机关办理刑事案件电子数据取证规则如图7-3-1所示。

公安机关办理刑事案件电子数据取证规则

发布时间：2019-01-02 字体：[大 中 小]

索引号	000000000/2019-00001	发布机构	网络安全保卫局
名称	公安机关办理刑事案件电子数据取证规则		
发布日期	2019-01-02		
内容概述			

公安机关办理刑事案件电子数据取证规则

第一章 总 则

第一条 为规范公安机关办理刑事案件电子数据取证工作，确保电子数据取证质量，提高电子数据取证效率，根据《中华人民共和国刑事诉讼法》《公安机关办理刑事案件程序规定》等有关规定，制定本规则。

第二条 公安机关办理刑事案件应当遵守法定程序，遵循有关技术标准，全面、客观、及时地收集、提取涉案电子数据，确保电子数据的真实、完整。

图7-3-1 《公安机关办理刑事案件电子数据取证规则》截图

三、回溯复核

1．回溯审核与线上巡查

最初，回溯审核是根据内容安全策略体系调整和监管部门要求，对已通过内容进行再次审核。随着互联网信息数据量级扩大，范围扩充到全部互联网信息。

线上巡查专指对已通过内容的线上检查。线上巡查主要内容包括安全策略体系调整和监管部门要求内容以及对互联网信息审核员工作失误的检查。

2．回溯审核工作方法

回溯审核的工作原理同关联审核一致，两者都是基于提升业务效率目的，对互联网信息进行快速地审核。

回溯审核的产品化是指回溯审核工作基于产品形态进行，其工作内容、工作方法、样本建立、案例汇总等全部工作，都需建立在具体产品上，都需可以执行。

回溯审核的专业化包括两方面：工作的专业和知识的专业。工作的专业是指在互联网信息审核工作中，找到适合自己的工作方法，安全、高效、快捷地完成工作；知识的专业是指在工作中成长，积累知识，拓宽知识面。

四、风险确认

1．风险预判体系

风险预判体系指的是基于产品业务形态和互联网信息审核业务形态，建立健全对内容安全风险的发现—判断—汇总—上报机制，最终形成低风险内容内部解决，高风险内容上报监管部门解决的机制。

一般在基础审核阶段，就可以发现风险信息苗头，经验丰富的人员可以形成有效判断并上报。在质量审核和回溯审核阶段，也可以发现内容安全风险，但因业务方向不同，存在着一定的滞后。

对内容安全风险，遵循的通用判定原则是：是否直接违规、是否拥有敏感点、敏感程度是否够高、预设内容发酵影响是否广泛。例如，凡是对政治安全、社会安全、法律安全和道德安全四点形成负面信息的，都可以判断为内容安全风险。

2．风险案例等级确认

风险案例等级是执行风险上报工作的直接依据，其制定的科学性、客观性，决定了风险上报工作的效果和效率。如图7-3-2所示，常规风险案例上报流程是四级审核员将风险案例上报给三级审核员；三级审核员判定案例风险，并根据等级进行不同层面的反馈，对于低风险的直接反馈给四级审核员，对于中风险的上报二级审核员，对于高风险案例直接上报监管部门；二级审核员将三级审核员上报的案例进行风险判定，对于中低风险案例反馈给三级审核员，对于高风险案例上报监管部门。

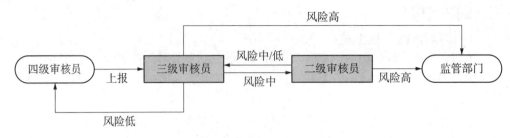

图 7-3-2　风险案例等级确认流程

第四节　操作案例

一、提取图片中文本信息

1．操作要求

在内容安全练习平台图像识别页面中,提取图片样例中的文本信息,如图 7-4-1 所示。

图 7-4-1　提取图片样例

2．操作步骤

第一步:打开内容安全练习平台,单击【导入】按钮,选中所需识别图片,导入图片,如图 7-4-2 所示。

第二步:单击【识别】按钮,文字识别工具使用算法识别图片中的文字信息，在“图像文字”区域呈现出所识别的文字，如图7-4-3所示。

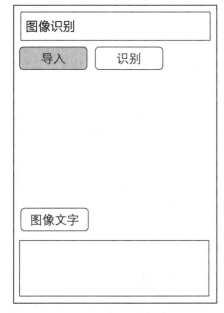

图像识别
导入
识别
图像文字

图7-4-2　导入页面示例

图像识别
导入
识别
图像文字
Alliance Bear House

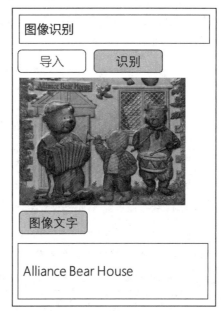

图7-4-3　识别页面示例

需要注意的是，当前尚没有能精准识别手写文字的算法。

二、筛选关键词文本信息

1．操作要求

在内容安全练习平台文本识别页面中，利用“向量空间模型”筛选出含有关键词“李世民”的文本，如图7-4-4所示。

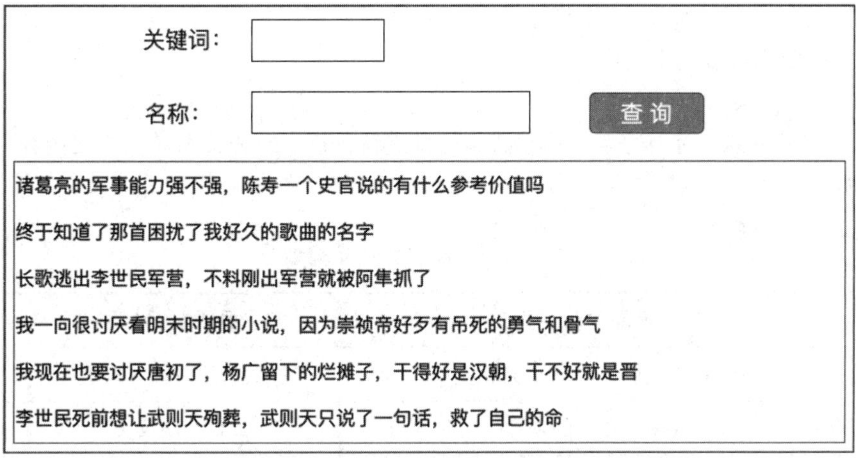

关键词：
名称：
查询
诸葛亮的军事能力强不强，陈寿一个史官说的有什么参考价值吗
终于知道了那首困扰了我好久的歌曲的名字
长歌逃出李世民军营，不料刚出军营就被阿隼抓了
我一向很讨厌看明末时期的小说，因为崇祯帝好歹有吊死的勇气和骨气
我现在也要讨厌唐初了，杨广留下的烂摊子，干得好是汉朝，干不好就是晋
李世民死前想让武则天殉葬，武则天只说了一句话，救了自己的命

图7-4-4　筛选关键词文本信息页面示例

2．操作步骤

第一步：打开内容安全练习平台，在文本识别页面，填写关键词“李

世民"。

第二步：在"名称"区域模型选择栏中选择：向量空间模型，单击【查询】按钮，对关键词与待处理内容进行匹配，筛选出含有关键词"李世民"的文本，如图7-4-5所示。

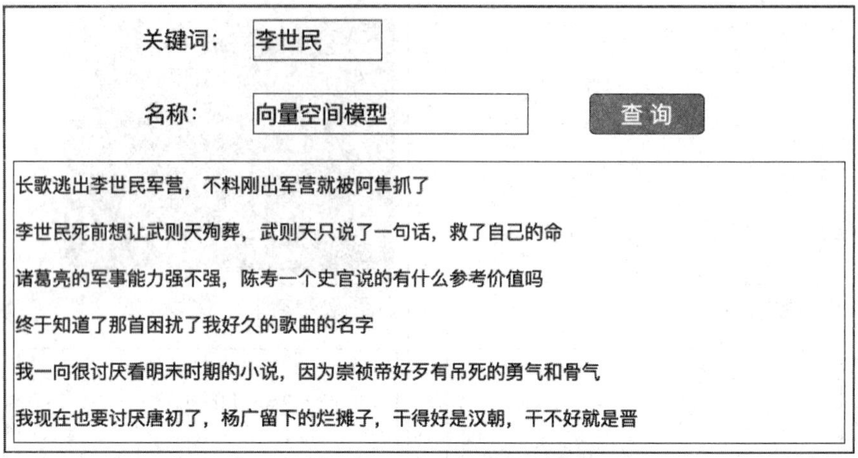

关键词： 李世民

名称： 向量空间模型   查询

长歌逃出李世民军营，不料刚出军营就被阿隼抓了
李世民死前想让武则天殉葬，武则天只说了一句话，救了自己的命
诸葛亮的军事能力强不强，陈寿一个史官说的有什么参考价值吗
终于知道了那首困扰了我好久的歌曲的名字
我一向很讨厌看明末时期的小说，因为崇祯帝好歹有吊死的勇气和骨气
我现在也要讨厌唐初了，杨广留下的烂摊子，干得好是汉朝，干不好就是晋

图7-4-5　填写筛选关键词文本信息页面示例

需要注意的是，利用关键词匹配进行筛选，可能匹配到多个关键词，需要根据实际情况选择相应关键词进行筛选。

三、提取信息的主要内容

1．操作要求

基于内容安全的角度，对"我喜欢中国的很多城市，我喜欢重庆的美食；与重庆的美食相比，我更喜欢上海的繁华；与上的繁华相比，我更喜欢昆明的四季如春。猜猜看，我最喜欢哪座城市？"这段话内容进行分析，并提取出该段的主要内容。

2．操作步骤

第一步：对内容复杂的互联网信息进行分析，首先提取单句主要内容，如表7-4-1所示。

表7-4-1　提取主要内容表

原内容	提取主要内容
我喜欢中国的很多城市	我喜欢中国的城市
我喜欢重庆的美食	我喜欢重庆
与重庆的美食相比，我更喜欢上海的繁华	我喜欢上海大于喜欢重庆
与上的繁华相比，我更喜欢昆明的四季如春	我喜欢昆明大于喜欢上海
猜猜看，我最喜欢哪座城市	我最喜欢哪座城市

第二步：确定单句主要内容相互关系，进行比较，确认信息要表达的核心内容。我喜欢昆明>喜欢上海>喜欢重庆，从而得出：我最喜欢昆明。

需要注意的是，基于内容安全的提取主要内容，与语文阅读理解提取主要内容有所不同。

四、专业化拓展信息内容

1．操作要求

假设今天是2019年3月15日，在内容安全练习平台中，对例句"今天新西兰发生了恐怖袭击"进行主要信息提取，并进行内容专业化拓展。

2．操作步骤

第一步：在内容安全练习平台中，单击【导入】按钮，将"今天新西兰发生了恐怖袭击"内容导入。

第二步：单击【识别】按钮提取主要信息，信息提取方向为：时间、地点、人物、事件，如图7-4-6所示。

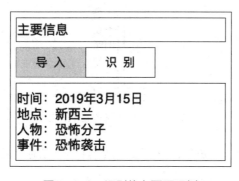

图7-4-6　识别信息页面示例

第三步：舆情拓展，汇总关于新西兰恐怖事件的全部信息，按时间、地点、人物、事件四个方向提取重点内容，并拓展相关内容。

时间：2019年3月15日，今天。

地点：新西兰、赖斯特彻奇、清真寺。

人物：恐怖分子、布伦顿·塔兰特、杰辛达·阿德恩、穆斯林。

事件：恐怖袭击、枪杀、直播。

民族：非民族矛盾。

宗教：伊斯兰教、白人至上主义。

语言：英语。

历史：新西兰、澳大利亚宗教史、移民史。

制度：非制度问题。

手段：直播。

音乐：掷弹兵进行曲。

武器：枪支。

需要注意的是，信息内容关联拓展程度要符合实际工作需求。

五、互联网信息衍变

1. 操作要求

从例句"我是汉族"中提取一个主要关键词,并对主要关键词进行关联拓展。

2. 操作步骤

第一步:提取一个主要关键词,分析例句"我是汉族",全句只有四个字,三个词,我、是和汉族,确定内容审核关键词为"汉族"。

第二步:按照六种衍变形式对关键词"汉族"进行信息衍变,可以衍变为:Hanzu、Han、汉、华夏、炎黄、中国、氵又等,如图7-4-7所示。

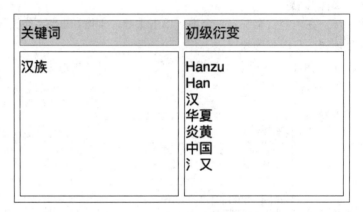

图7-4-7 初级衍变页面示例

需要注意的是,互联网信息衍变,要符合互联网信息审核实际工作的需求。

六、质量复核审核结果

1. 操作要求

根据审核规则"屏蔽包含我国县级市及以上行政单位名称的文本",对已通过审核的文本素材进行质量复核。

已通过审核的文本素材:

这里不愧是古长安城,气势恢宏

我们这可是天子脚下,首善之地

正是因为钱塘江从这里流过,所以古代管这里叫钱塘

2. 操作步骤

第一步:确认审核规则。同高级审核员确认审核规则;提取审核规则主要关键词:县级市及以上行政单位名称;建立关键词库:县级市及以上行政单位名称,名称拓展词。

第二步:提取素材主要内容。对素材主要内容进行概括,找出需要同审核规则匹配的内容,分别为:古长安城、天子脚下、古钱塘。

第三步:拓展素材主要内容。将素材主要内容进行拓展,并与审核规则进行比较,如表7-4-2所示。

表7-4-2 拓展内容表

主要内容	拓展内容
古长安城	西安市
天子脚下	北京市
古钱塘	杭州市

第四步：按照审核规则进行合规判断。三句素材中描述的城市，都是我国县级市以上的行政单位，因此判断三句话都需要屏蔽，如表7-4-3所示。

表7-4-3 屏蔽操作表

文本	操作
这里不愧是古长安城，气势恢宏	屏蔽
我们这可是天子脚下，首善之地	屏蔽
正是因为钱塘江从这里流过，所以古代管这里叫钱塘	屏蔽

需要注意的是，互联网信息衍变，要符合互联网信息审核实际工作的需求。

七、匹配内容安全风险等级

1．操作要求

提取素材内容中文本信息主要内容，根据内容安全风险等级地域维度，对应主要内容的安全风险等级，如表7-4-4所示。

素材内容：
我们县交通比较闭塞
西安市是十三朝古都
北京市是中国最大的城市之一
我爱中国

表7-4-4 内容安全风险等级地域维度

风险等级	地域维度
风险等级一	县（包括县）及以下
风险等级二	县以上至省（不含省）以下
风险等级三	省及其以上至国家（不含国家）以下
风险等级四	国家及世界

2．操作步骤

第一步：提取素材内容中文本信息主要内容，确定语句行政区域等级，如表7-4-5所示。

表7-4-5　行政区域提取

语句内容	行政区域
我们县交通比较闭塞	县
西安市是十三朝古都	市
北京市是中国最大的城市之一	直辖市/省
我爱中国	国家

第二步：根据内容安全风险等级地域维度，确定内容安全风险等级，如表7-4-6所示。

表7-4-6　风险等级确定

语句内容	风险等级
我们县交通比较闭塞	四级
西安市是十三朝古都	三级
北京市是中国最大的城市之一	二级
我爱中国	一级

需要注意的是，互联网信息风险等级是多维度匹配的动态体系。

八、安全风险内容屏蔽操作

1．操作要求

根据"内容安全风险等级表"，将素材内容按处理要求进行屏蔽操作，如表7-4-7所示。

表7-4-7　内容安全风险等级表

内容	风险等级	处理要求
只含有数字	一	屏蔽
只含有标点符号	二	通过
含有数字+标点符号	三	屏蔽

素材内容：
1234567890
！@#￥%……
6&5*4321

2．操作步骤

第一步：根据"内容安全风险等级表"，将数字设为屏蔽词。即：根据内容安全风险等级表将数字0～9设置为屏蔽词。

第二步：对素材内容执行屏蔽关联。即：将三个例句全部字符单独提取，并与屏蔽词进行关联。符合屏蔽规则的内容，进行屏蔽，如表7-4-8所示。

表7-4-8 结果展示

内容	结果展示
1234567890	屏蔽
！@#￥%……	通过
6&5*4321	屏蔽

需要注意的是，屏蔽词不能轻易设置。

九、关联拓展主要关键词

1．操作要求

分析素材内容，提取文本信息主要内容。从主要内容中提取主要关键词，并对主要关键词进行关联拓展。

素材内容：

假设监管部门要求，屏蔽"代号123"全部相关内容。

2．操作步骤

第一步：分析素材主要内容：代号123。分析得出：以"123"为名，代指某种人、事、物。

第二步：提取主要关键词。主要有两个关键词："代号"和"123"。

第三步：将关键词进行关联拓展。"代号"关键词可以拓展为：名字、代码、名称、Name等；"123"关键词可以拓展为：6、33、15等，如表7-4-9所示。

表7-4-9 初级关联拓展

关键词	初级关联拓展
代号	名字
	代码
	名称
	Name
123	6
	33
	15
	1+5
	7-1

需要注意的是，回溯审核必须对历史内容全覆盖。

十、判断案例内容是否上报

1．操作要求

根据内容案例风险等级上报要求，判断素材内容是否需要上报，如表7-4-10所示。

素材内容：

我喜欢踢足球

中国很伟大

三亚很美丽

这里有好多人

表7-4-10　内容案例风险等级上报要求

内容安全风险等级	上报要求
风险等级零：不违规	不上报
风险等级一：轻微违规	不上报
风险等级二：疑似严重违规	上报
风险等级三：严重违规	上报
风险等级四：无法形成有效判断	上报

2．操作步骤

第一步：分析素材内容语句，确认内容风险等级，如表7-4-11所示。

表7-4-11　确认内容风险等级

素材内容	风险等级
我喜欢踢足球	零
中国很伟大	零
三亚很美丽	零
这里有好多人	四

第二步：根据内容案例风险等级，判断内容是否上报，如表7-4-12所示。

表7-4-12　判断是否上报

语句	风险等级	上报
我喜欢踢足球	零	否
中国很伟大	零	否
三亚很美丽	零	否
这里有好多人	四	是

需要注意的是，任何无法判断的互联网信息都需要上报。

思考与练习

一、判断题

1. 采取抽样方法验收审核结果时，只要样本足够多，也能得到正确的验收结果。（　　）

2. 通过对互联网信息审核工具进行质量复核，可以提高其审核质量。（　　）

3. 对潜在风险进行分类，可以提高应付潜在风险的效率。（　　）

4. 内容安全策略具有时效性。（　　）

5. 通俗的讲，社会热点事件是被很多人熟知且讨论的事件。（　　）

6. 社会热门事件发展阶段处置的主要方法是重点监测。（　　）

7. 回溯审核的意义在于通过对已有审核结果的再审核，可以发现和纠正原审核结果中的错误。（　　）

8. 制定互联网信息基础审核规则时，必须遵守国家法律法规。（　　）

二、选择题

1. 互联网信息审核规则必须需要遵守的是（　　）。
　　A. 法律法规　　B. 道德　　C. 功德　　D. 互联网精神

2. 互联网信息基础审核规则一般具有（　　）。
　　A. 随意性　　B. 永久性　　C. 稳定性　　D. 放射性

3. 下列（　　）文本审核应该是不通过的。
　　A. 少数民族名称不正确的　　B. 弘扬我们优秀传统文化的
　　C. 宣传遵纪守法的　　D. 描写普通人日常生活的

4. 视频审核通常采用（　　）方法。
　　A. 无序测试　　B. 关键字匹配
　　C. 逐帧审核　　D. 抽取测试

5. 质量复核结果报告撰写需要（　　）复核错误的情况。
　　A. 全面覆盖　　B. 统一管理
　　C. 重点针对　　D. 具体汇总

6. 经内容风险识别后，还需对风险进行（　　）。
　　A. 报道　　B. 删除　　C. 确认　　D. 宣传

附录

论文的撰写和投稿

第一节　学术论文的写作

一、学术论文概说

何谓理论？人们总是认为，理论空洞、教条、呆板，这实际上是对理论的一种误解。试想，牛顿看见苹果掉下来，才建立地心引力的理论；阿基米得从洗澡中领悟，才有浮力的相关理论产生。理论提供了观察和思考世界的方式。

马克思主义认为，理论是对事物的合理解释和预测，是对客观事物本质及其运动规律的科学认识，是关于应该做什么的规定和建议。它既是实践的总结，又是实践的向导。

作为知识的一环，理论还扮演着解决问题的角色，它具有预测、重点、厘清、观察、传播、控制、激发、启发及组织综合等功能。

何谓学术？学术的本质是创造和发展知识。没有创新，就不是学术。提出新问题和新命题、发表新见解和新方法、建构新的理论框架，等等，都是学术研究活动。诚如钱钟书先生所言，理论的意义不在于它论述"是什么"，而在于它揭示了"不是什么"或"是什么中的不是什么"。

大学所应发挥的最大作用，在于"开放整个知识领域，详细解释所有知识的法则与基础"。因此，作为一名大学生，应该具备学习与思考的能力，掌握进行学术研究的方法。

何谓学术论文？简单地说，学术论文是对某个科学领域中的学术问题进行研究后表述科学研究成果的理论文章。具体来讲，学术论文是某一学术课题在实验性、理论性或观测性上具有新的科学研究成果或创新见解和知识的科学记录；或是某种已知原理应用于实际中取得新进展的科学总结，用以提供学术会议上宣读、交流或讨论或在学术刊物上发表，或作其他用途的书面文件。

学术的本质在于创新和发展知识。作为其成果的总结，学术论文理应提供新的科技信息，包含有新的发现和创造，而不是重复、模仿、抄袭前人的工作。

一篇优秀的学术论文应具备四个特点：

第一，科学性。即学术论文的论点、论据和论证都要符合科学性和规范性。立论必须客观、切实，论据必须充分、有力，论证必须严谨、科学。

第二，创造性。这是学术论文的生命。论文要有独到的见解，能提出新的观点、新的理论。

以自然科学界的两大权威期刊 *Nature* 与 *Science* 为例。*Nature* 认为，创新是科研成果新颖、引人注意（出人意料或令人吃惊），而且该项研究看来在该领域之外具有广泛的意义。无论是报道一项突出的发现，还是某一重要问题的实质性进展的第一手报告，均应使其他领域的科学家感兴趣。*Science* 则认为，创新是指对自然或理论提出新见解，而不是对已有研究结论的再次论证，内容激动人心并富有启发性，具有广泛的科学兴趣。

第三，理论性。学术论文是对大量的事实、材料进行分析、研究，使感性认识上升到理性认识。一般来说，学术论文具有论证色彩，或具有论辩色彩。论文的内容必须符合历史唯物主义和唯物辩证法，符合实事求是、有的放矢、既分析又综合的科学研究方法。

第四，应用性。学术论文若能与社会生活密切相关，具有强烈的现实性，并能为解决实际问题提供依据、决策或方案，则能体现学术论文的实践应用价值。

二、学术论文写作规划

古人云，"工欲善其事，必先利其器"。了解学术论文的写作规律和要求，不仅能够提升自己的学术能力，而且有助于写出高质量的学术论文。

从事学术研究必须注重理论与资料，对于研究题目的选择、问题陈述、文献评论、研究途径、研究架构、研究方法、论文结构、论文写作格式等，皆要特别讲究，因而一个大学生通常从念大学开始，就必须接触和学习如何写好学术论文。

学术论文写作的过程，一般包括六个主要环节：选择课题、搜集资料、研究资料、明确论点和选定材料，最后是执笔撰写，修改定稿。

① 选择课题。是学术论文撰写的第一步，确定的是"写什么"的问题，

亦即确定科学研究的方向。

②搜集资料。是研究课题的基础环节，可以通过文献收集、实地调查研究、实验与观察三种方式获得相关材料。

③研究资料。这是对收集得来的材料的深度发掘，是一个去粗取精、去伪存真的过程，即对与研究课题有关的内容细致深入地研究和筛选的过程。

④明确论点和选定材料。研究资料的目的，是为了提出自己的观点和见解，并根据选题，确立基本论点和分论点。同时，围绕选题和论点撷取并组织材料。

⑤执笔撰写。这一过程需要重点注意提纲的拟定和论文的格式。拟定提纲有助于安排好全文的逻辑结构，构建论文的基本框架。一个清晰合理的提纲是学术论文写作成功的一半。论文的格式一般来说，由标题、摘要、正文、参考文献等内容构成。

⑥修改定稿。是任何一种学术论文的必要环节。它保障写作意图、基本论点和分论点、材料运用、逻辑性以及行文的科学性、准确性与规范性。

三、学术论文写作：动态的写作流程

学术论文的写作是一个比较复杂的系统工程，天下文章"定体并无，大体须有"，论文也不例外，是有一些规律可循的。下面将分别叙述之。

1. 选择研究课题

（1）选题原则

准确、恰当地选择论文题目，是进行学术研究的第一步，也是论文能否取得成功的首要环节。课题的选择必须遵循一些基本原则。总体而言，应选择既有一定学术价值，又符合自己志趣，适合个人研究能力的题目。具体来说，选题可以把握以下一些原则：

①实用价值。选择具有现实意义的题目，这是学术研究的根本目的所在。对大学生来说，则不仅能对所学知识做实践性的考察，而且能锻炼和提高自己分析问题和解决问题的能力。

②理论价值。理论价值体现为对某一问题的学理上的探讨和观点上的创新，具有指导意义和启发性。通过学术论文，作者阐述自己对这些规律的了解与认识，给人以认识上的启迪。

③创新原则。一篇学术论文应该体现出新意，即在论文中表现自己的新看法、新见解、新观点。新意可以通过不同的研究方法、研究角度、新的研究材料等方式来获得。

④量力而行。一个研究者的知识储备情况和分析问题的能力决定了他的论文选题的难易程度。此外，自己的特长和兴趣，对于论题的选择也很重要。要尽可能选择那些能发挥自己专长的题材，保持浓厚的兴趣，能给论文写作提供不竭的动力。

⑤题目适中。包括题目大小及难易程度。一般来说，选题宜小不宜大，宜窄不宜宽。题目太大会把握不住，考虑难以深入细致，容易泛泛而

论。有两种方式：一是直接选个小题目，二是在大题目中选定小的论证角度。

（2）选题方法

选题通常有两种情况：一种是已经有了某种想法，需要进一步明确和验证；另一种是没有明确的想法，需要从大量的材料中选定。不管哪种情况，都要通过资料的收集和研究工作才能确定。

对于第一种情况，因为有了初步的研究方向，必须进一步框定该选题的范围、研究价值以及研究角度。具体来说，应从以下几个角度考察：

① 已有的想法是否为理论空白，或能对前人的观点进行补充。如果是肯定的答复，则需要论证该选题的可行性，即考虑有没有足够的材料加以论证。如果可以，则可以确定为研究题目；如果主客观条件尚不具备，就放弃。

② 已有的想法是否与别人重复。如果与别人没有差异，应该放弃；如果只是部分重复，就应缩小范围，在非重复方面进行深入研究。

③ 捕捉新的想法。在阅读文献资料或调查研究中，经常会有新的想法和观点，这种思想火花往往是在对某一问题作了大量研究之后的理性升华，应及时捕捉，深入发觉，往往可以形成很有价值的理论。

对于论文写作来说，第二种情况更加普遍。一般地，还是应该从材料着手，选择合适的论文题目。

④ 大量占有材料。收集材料的过程是一个选题初选的过程，有必要做一些记录，将重要的观点、提法、论据摘录下来，以形成对某一个较大研究领域的初步了解。

⑤ 深度加工浏览记录。即对记录进行分类组合，寻找问题和发现问题。比如在分类时，可将材料按照总论、专论安排，在专论之下还可以列出对同一问题的几种不同观点的资料，等等。

⑥ 提炼主题。将研究体会与资料比较，确定哪些是空白，哪些可以补充，哪些可以深化，逐步缩小研究范围，选题目标也就会渐渐明确起来。

2. 收集资料

撰写学术论文必须详尽地占有资料。一篇五千字左右的论文之写成，可能要搜集到几万，甚至几十万字的资料。资料是学术论文写作的基础。没有资料，"巧妇难为无米之炊"，研究无从着手，观点无法成立，论文不可能形成。所以，详尽地占有资料是学术论文写作之前的另一项极重要的工作。

（1）**资料类型**

第一，第一手资料。第一手资料包括与论题直接有关的文字材料、数字材料（包括图表），譬如统计材料、典型案例、经验总结等，还包括自己在亲自实践中取得的感性材料。第一手材料越多，越能保证论文的创新度。

第二，他人研究成果。这是指国内外对有关该课题学术研究的最新动态。这类材料不仅提供论文以充分的论据，而且是论文研究的起点。它能提供有益的启发、借鉴和指导。

第三，相关学科的材料。相关学科能够拓展研究视野和写作思路，提供多元化的分析方法和分析角度。比如，研究经济学的有关课题，就与管理学、社会学、统计学、人口学等方面的知识息息相关。

第四，权威论述、国家政策等。学术权威的论述或国家的方针政策，可以作为提出解决问题的重要证据，这不仅能增强论文的说服力，也可以避免走入歧途。

（2）收集资料的途径

从大的方面看，资料可以分成直接资料和间接资料两种：直接资料是指从研究对象中直接获取的最新信息；间接资料是指科技文献、情报资料及其他存储的科技信息。因为来源不同，两者的收集必须采取不同的方法。

① 直接资料的搜集。直接资料的获得通常有两种方式：做实验和实地考察。

实验是指在较理想的条件下，使自然现象（或过程）可控制地重演，并给人们获取第一手资料。实验方法能够强化研究对象，使其处于极端状态，有利于揭示新的规律。利用实验获取直接信息的常用方法有：观察记录、测量记录等。

通过考察获取直接信息。科技工作者在对研究对象不加任何干涉的条件下进行观察的过程就叫考察。和实验不同，考察要求选好观察点后细心地观察每一个细节。

② 间接信息的搜集

间接信息可分为书面存储和非书面（包括计算机软件、微缩照相、电视录像、电影等）存储信息两大类。书面文献的分类和搜集方法有：

一次文献是直接从事研究的科技工作者所写的文字资料，是新技术、新知识、新发明等新的科研成果的记载和报道。包括学术专著、期刊论文、科技报告、专利文献（主要指专利说明书）、教科书、技术标准和其他有一定价值的文献（如学位论文、内部学术报告等）。

> 一次文献的搜集一般分四步进行：分析研究课题基础，明确检索范围→选择检索工具→确定检索途径和选择检索法→根据文献线索查找原始文献。

二次文献是在一次文献基础上，经过加工、压缩后产生的资料，以便作为查找一次文献的检索工具。包括题录、文摘、索引等。二次文献是经过加工提炼的文献资料，为科技工作者广泛地了解科技动态提供了方便的工具，为查找一次文献提供线索。

> 间接材料还有其他一些行之有效的检索方法。比如采访、参加会议、展览会、搜集书面信息、交换、索取等。

（3）文献资料的整理加工

收集资料后，还要对文献资料进行加工整理，也就是通常所说的处理信息，这是开展进一步研究工作的必要环节，目的在于将材料有序化和条理化。

① 整理。查阅到有关的文献之后，把它进行摘录（标明出处，包含书名或论文题目、作者姓名、出版单位、版本、出版时间，还有期刊的年号、期号，报纸的年、月、日等）或复印，然后按顺序排列、归类。

② 加工。指对文献进行分析思考，然后剔除假材料，去掉过时、重复

的材料，对有价值的材料进行研究。这个阶段往往要做以下几方面的工作：写批语，做记号，写提要，做札记，写综述。

③ 写批语。就是在所摘录资料的空白处写上自己的见解、解释或质疑。

④ 做记号。是读者对重点、难点、精彩之处或自己感兴趣的内容画上的各种标记，如直线、曲线、红线、波浪线、圆圈、括号、着重号、问号、感叹号等；

⑤ 写提要。就是对包含各种信息的研究文献进行总结，即把原文的基本内容、主题思想、观点、独到之处或其他数据，用自己的话加以概括。

⑥ 做札记。就是在笔记本上随时记下自己读书时的心得体会和各种想法。札记不求形式，可以随时随意地记下在阅读时引发的思考。做札记的好处在于能更好地帮助你去记忆和思考。

⑦ 写综述。就是汇总所查找的某一类别的所有资料，然后进行加工处理，内化为自己的结构体系而写成的一份报告。每一份综述实际上就是一项研究报告，它能为自己或别人的研究提供有价值的东西。

> 摘录可以写在笔记本上，也可以写在卡片上。但笔记本不便于资料的归类整理，而卡片不仅便于归类整理，还便于查找、使用和携带。卡片纸要大小一致，一张卡片只记一个观点、事例或问题，每张卡片上的内容都要标明出处。

3. 研究资料

上面所说的文献的加工处理指的是对文献的技术处理，研究资料关注的则是对资料内容的处理和加工，这一过程实际上是资料信息内容的辨析和发掘。它与论文的三大部分——论点的提出、论据的选择、论证的组织——有着紧密的联系。

在学术论文写作进入资料的研究阶段时，心中应时时把握住自己的论题和体裁。在论题和体裁明确的前提下，展开分析与综合研究。分析综合的过程，实际上就是明确观点、选定材料的过程。分析是把搜集所得的材料分解为不同的组成部分、方面等，并对它们分别加以思考、推导的研究方法；综合是把分解开来的不同部分、方面，再组合为一个统一整体并加以思考推导的研究方法。

在第一种情况下，即从材料出发确立论点，可作如下分析：这些材料中的哪些观点是正确的？为什么正确？怎样用它们来阐述"我的论题"？这些材料中的哪些观点是错误的？为何错误？能否在"我的论题"中提出与之相反的正确的观点？哪些观点还有不足之处？在"我的论题"中怎样进行补充修正才能使之完善？论述其他问题的事实和数据材料是否切合"我的论题"？我是直接借用还是变换角度来提出新的结论并加以利用？我本人搜集的活的事实和数据材料与"我的论题"有多大关系？能说明什么问题？从中能得出什么样的结论？

在以上分析研究的基础上，再进行综合研究：最能阐述我的论题的观点有哪些？这些观点能否再归成几类？每一类观点能否再综合成一个大一点的观点？若干个大一点的观点能否再综合成一个更大的观点？最后综合形成的那个最大观点能否既把那些小观点统帅起来，又能最有力地解答"我的论题"？这就是确立论点的分析综合过程。

第二种情况，即从已有的观点出发选择材料时，可参照以下分析模式：

> 整个研究过程是分析与综合的统一，两者始终是互为前提、互为条件或互相依存、互相渗透的，但又各有所侧重。明确观点、选定材料的过程有两种情况：一种是运用材料确立、框定论点；另一种是选择合适的材料验证自己的论点。第一种情况是从材料出发，重点在确立论点；第二种情况是已经有了自己的论点，重点在选择合适的论据。无论哪一种情况，都需要进行分析综合。

哪些是有用材料与无关材料？哪些是主要材料与次要材料？哪些是一手材料与二、三手材料？哪些是新鲜材料与陈旧材料？最能支持自己论点的正面材料有哪些？反面材料有哪些？

然后再作综合：哪些材料可以归并到那些分论点或小论点中去？各分论点和小论点是否都有了能证明自己观点正确的材料？材料多了，怎么精用？少了，怎么补充？这就是选用论据的分析综合过程。

在论文的写作过程中，要反复使用分析综合的方法。综合要在分析的基础上进行，分析又要为综合服务，以综合为归结点。

4. 论文撰写

经过前面的一系列的准备工作之后，就进入了论文写作的关键阶段——执笔撰写。在这一环节，涉及的要素很多，最主要包括论文的结构、论点的提炼与安排、材料的组织、论证的方法等。

（1）**论文的谋篇布局**

一篇论文和其他文章一样，都是内容和形式的统一，两者缺一不可。内容包括主题和材料，形式是指结构和语言。结构就是作者为了表现主题思想，增强表达效果，对材料加以组织、比较，安排成一个有机的统一整体。结构合理或不合理，直接关系到论文的逻辑性、严谨性和说服力。

论文结构实际上体现了作者的思路。所以，结构的合理安排，一般要遵循五个原则：

第一，围绕主题，选择有代表性的典型材料，根据需要适当安排，使主题思想得到鲜明、突出的表现。

第二，疏通思路，正确反映客观事物的规律，即客观反映事物的实际状况、内部联系，符合人们的认识规律。

第三，结构完整、统一。客观事物的发展有开始、中间、结尾三个阶段，所以一篇文章也必须是一个统一的整体，前后连贯。

第四，层次分明，有条不紊。具体来说，就是论文写作时把所选材料分成若干部分，按照主题思想的需要，按轻重缓急，依次表达，充分而鲜明地把主题思想表达出来。

第五，要适合文章体裁。体裁不同，结构也不一样。一般来说，论文是以事物的内部逻辑关系来安排结构层次的。

学术论文的基本格式可以分为绪论、本论、结论的三段式（这将在毕业论文写作部分展开）。就论文的具体安排而言，也有一些定型的格式可供选择。

① 首括式结构。又称作总提分述结构，就是先提出中心论点，然后分别从几个方面去论证，阐明中心论点。它所采用的是演绎法。结构如图1所示。

② 尾括式结构。又称分总结构，即先逐个提出分论点，然后进行归纳，得出一个结论——中心论点。这种结构的论证方式是归纳法。结构如图2所示。

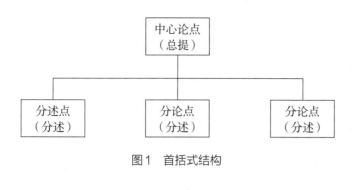

图1 首括式结构

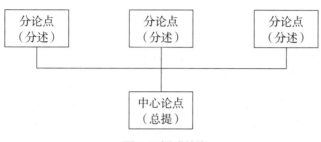

图2 尾括式结构

③ 双括式结构。也称总分总结构，即先提出观点，然后分而述之，最后再得出结论。所采取的论证方式是先演绎再归纳。结构如图3所示：

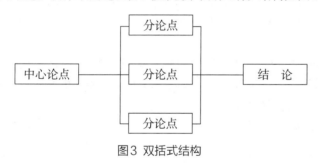

图3 双括式结构

④ 递进式结构。是指文章采取由浅入深、层层推进的论证方法，又称推进式结构。结构如图4所示。

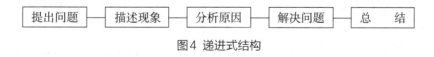

图4 递进式结构

⑤ 综合式结构。即采用几种方式来安排文章结构。对于结构比较复杂、涉及因素较多的论文，常常采用这种结构方式。结构如图5所示。

（2）论点的提炼及安排

在一篇学术论文中，论点的提炼和表述是核心，它反映了作者的观点、见解、看法。一篇论文有没有理论创新，主要看其论点的价值。因此，在提炼和表述论点时，需要掌握以下原则：

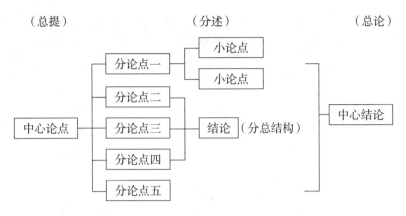

图5 综合式结构

① 科学性原则。科学性就是要求学术论文正确地反映客观事物，并揭示其规律。这首先表现为论点正确。必须用辩证唯物主义和历史唯物主义的原理和方法来分析问题，解决问题，才能提出合乎客观实际的结论。

其次，论点的表达要准确。任何一个论点都是通过概念或判断来形成的，应准确地表达概念的内涵与外延，形成明晰清楚的判断，避免产生意义上的模糊和认识上的歧义。

> 列宁说："偏见比无知离真理更远。"

② 客观性原则。客观性要求一切从实际出发，从中引出符合实际的结论。撰写论文时，要避免先入为主、牵强附会或者随意曲解。应该在尽可能多地占有材料的基础上，根据事物或问题本身的规律来分析探讨，提出观点。

③ 创新性原则。如前所述，学术研究本身是一种创造性的劳动。新的论点是其最重要的体现。任何研究都只能是在别人的研究基础上进行的，所以，论点的创新包括两种情况：一种是补充性论点，是对他人研究成果的肯定与发展。一种是匡正性论点，是对已有研究成果的否定与纠正。这种匡正性论点包括两个方面：一方面是对流行的说法或观点的纠正，另一方面是对新出现的某种观点不足之处的纠正。

④ 论点的价值原则。论点的价值原则一般用理论价值和实践价值来衡量，具体表现在两个方面：

一是论文确立的论点应该与社会生活密切相关，具有强烈的现实性，能够为解决实际问题提供依据、决策或方案。

二是论文确立的观点尽管现实意义不强，不能直接用来指导实践，但是具有理论上的创新和浓厚的学术价值，能为学科发展或研究活动提供新的理论和方法、拓展思路和研究的角度。

（3）**材料组织**

写论文必须首先确立中心论点，这个中心论点要贯穿于论文的始终。但是，如果只有中心论点而没有若干与之相联系的从属论点，中心论点就会显得苍白无力，不能令人信服。因此，在确立文章的中心论点之后，还必须形成若干从属论点，通过这些从属论点把中心论点加以展开，使之得到充分的论证和说明。

就中心论点来讲，这些从属论点就是其论据，当然，这些从属论点（称为上位论点）还可继续由其他次级从属论点（称为下位论点）来论证，这样次级从属论点就成为这些从属论点的论据了。

要使论点正确、深刻、能说服人，作者需要使用切实有力的论据。切实有力的论据应当是真实的、典型的、新鲜的、适用的。具体来说，包括以下几个方面：

① 资料的真实性。资料真实与否直接关系着论文的成败。只有从真实可靠的资料中才能引出科学的结论。一般所用的比较方法是：把内容相关的不同国家、机构或作者的资料相比较；把资料本身的论点和论据相比较；把实验数据与生产数据相比较；把历史资料与近期资料相比较；把一般资料与权威资料（如手册等）相比较；等等。

② 资料的适用性。即依据论文所要阐明的中心论点，来判定什么资料可用，什么资料不能用。在对资料进行选择的时候，必须始终把握中心论点这个统帅，不能对资料曲解，或作牵强附会的解释，也不能将所有资料照单全收，导致中心论点模糊不清。

③ 资料的新颖性。资料的新颖性包括两个方面的含义：一方面是指前所未有、近期才出现的新事物、新思想、新发现、新方向；另一方面是指某种事物虽早已存在，但人们尚未发现其价值，这同样是新颖的资料。

④ 资料的典型性。所谓资料的典型性就是指这种材料对于它所证实的理性认识来说具有充分的代表性。选择典型的材料作为论据，能增强论文的逻辑性和说服力，同时还能节省篇幅，使论文简洁有力。

（4）论证应科学、充分

学术论文的观点提出以后，一定要经过科学论证。尤其是一些关键观点，组成了论文的核心内容，是作者自己提出的观点，更要有充分和有说服力的论证，才能站得住脚。

通常，论证一个观点常用的方法包括演绎法、实证法和权威支持法。

演绎法是通过逻辑推理、分析和归纳得出自己的结论；实证法是通过客观事实，包括大量数据肯定或否定某个观点；权威支持法则是通过引用一个领域内权威人士的观点来支持自己的观点。在三种论证方法中，实证法说服力最强，所以经常被采用。

在论证的过程中，要注意避免以下情况的发生：

① 只有理论分析，从理论到理论，缺少必要的和充分的事例和数字的依据。

② 材料很多，但在选材和组织材料上欠佳，缺少周密、严谨的逻辑性。比如，忽视"新颖性"的选材要求，材料陈旧，用一些人们熟知的老例子，缺乏新鲜感、吸引力；不能有选择地利用典型、精当的材料形成自己的观点，例子滥而散，没有从中整理出自己立论的角度和起笔的由头；论据缺

乏典型性、必要性，仅凭在特定环境中极少发生的某些事实，得出与该环境中大量发生事实所不同的结论，因而论证缺乏说服力；提出论点、罗列论据之后，不作深入分析，甚至不作任何分析，没有论证过程，便用"由此可见""大量事实证明"等语句，转而扣合所提出的论点；以偏概全，以点代面，以小论据支撑大论点，论据不足，犯"推不出"的毛病。

③结构混乱，缺乏逻辑性。前后颠倒，层次不清。有的主次不分明，重点不突出。有的论点与论据之间互相脱节，或互相矛盾，犯"引论失据"的毛病。

④分析问题时用观点去套例子，用事实去印证观点。

⑤前后论点有矛盾，中心论点与分论点有矛盾，或回避论题，或主观臆断，分析不客观，没有进行必要的和充分的论证。

⑥有的结构单一，缺乏层次性。一篇四五千字的长文章，中间不用序码，也不加小标题，读起来很吃力，有的首尾脱节，缺乏完整性。

⑦论证方法单调。有的论文在论证主题的过程中，方法比较单调，文章显得平铺直叙，没有波澜起伏。例如，有的文章从头至尾采用一种例证法，围绕大论点，提出小论点，用一个事例说明，于是得出一个大结论。论文结构千篇一律，总是"三部曲"（现状—原因—对策）或"四部曲"（成绩—问题—成因—对策），读之令人生厌。要改变这种毛病，就要在文中反复用各种论证方法，除了例证法以外，还要学会用类比法、对比法、反驳法、归谬法等方法。

四、学术论文的投稿和发表

1. 发表媒体的选择

一篇学术论文完成以后，选择以何种形式发表，是很有讲究的。现在可供选择的发表载体主要包括学术期刊、学术专著、会议文集、网络媒体在线出版、给政府或决策机构提供研究报告等。面对众多的出版机构，怎样选择合适的媒体发表？应该掌握以下几条原则：

（1）讲求时效

学术论文通常都是与时代发展和社会进步息息相关的。有时，学术研究的阶段性成果，早一点发表，会对实践产生更好的效果。所以，一般都比较重视时效性，这就需要作者选择发表周期短的学术刊物，或者选择网络在线发表的方式。周期长的刊物和出书速度相对较慢的出版社就不必考虑了。

（2）专业对口

学术论文首先要判定内容的学科分类，选择最为对口的刊物作为发表媒体。只有文稿符合期刊的发表范畴，才有可能被采用。其次，专业对口的刊物，通常都有高水平的审稿人队伍对投稿进行评审，并由编辑部将审稿意见反馈给作者本人，这非常有利于论文本身的修改和完善。再次，专业对口可以减少投稿的盲目性，避免一些不必要的麻烦，比如，由于退稿

喻证法：运用比喻的方法把道理引出来，说明论点的论证方法。

类比法：根据两种事物在某些特征上的相似，得出它们在其他特征也可能相似的结论；

对比法：把两种事物加以对照、比较，从而推导出它们的差异点；

反驳法：通过否定对方的观点和看法，来阐明自己观点；

归谬法：反驳对方论点，首先假设对方的论点是正确的，然后加以引申、推论，从而得出极其荒谬的结论来。

不及时,有可能贻误稿件的发表时机。

（3）考察刊物声誉

不同的学术刊物有着不同的学术声誉和社会知名度。因此,这种声誉必定会对学术论文的声誉和地位带来影响。考察刊物的声誉需要从几个方面进行：

① 主办单位和刊物历史。一般来说,主办单位的行政级别和学术地位越高,该刊物声誉越高。同样刊物历史越悠久,越显示出刊物的实力。

② 影响因子及转摘率。所谓影响因子,是指一份期刊近年发表的论文,与当年在其他作者公开发表论文中被引用数之比。比值越大,说明刊物影响力越大。期刊的影响因子是评价期刊声誉的一个很关键的量化指标。转摘率是指文摘等刊物对专业期刊的转载和索引,一般是二次文献,用来查找一次文献。权威性的文摘刊物往往有一支较高水平的文摘员队伍,选择学术论文也非常严格,被选择的论文一般都具有较高的学术价值。因此,转摘率也是衡量刊物声誉的一个重要指标。一份长期、稳定地被某文摘刊物转载的期刊,通常都是比较权威的刊物。

（4）注重刊物质量

刊物质量包括内容和形式两个方面。如果一份刊物定期或不定期地发表本学科权威学者的文章,或者是一些反映学科前沿的文章,在某种程度上说明该刊物具有一定的影响力。形式上主要看某一刊物的印制质量,如装帧设计、审稿质量、规范程度等,都应该列入考察范围。

（5）作者权益观念

期刊社对作者的论文的态度也是非常重要的一环。通常,如果期刊社能对投稿论文及时处理并给予反馈,一旦发表,迅速支付稿酬,在著作权方面也有合格规范的协议。那么,这样的期刊社是可靠而且负责任的。但现实情况是,有些期刊社收到作者的论文后,便杳无音信,容易耽误作者改投他刊。而且,一些出版机构不仅不付稿酬,反而索要很高的版面费,或者为压缩版面,对论文随意删减,这些都是对作者劳动的不尊重。因此,需要引起足够的重视。

2. 发表论文中的著作权问题

（1）论文署名应注意的问题

《中华人民共和国著作权法》第九条规定："著作权人包括：（1）作者；（2）其他依照本法享有著作权的公民、法人或者非法人单位。"作者一旦在作品上署了名,就享有了著作权,承担起对作品负责和对读者、社会负责的义务。也就是说,一篇论文的著作权属于该论文的署名者。

首先,需要注意的是论文的署名顺序。应该根据作者对该论文所做贡献的大小来排序。不管为了何种目的而将作者的署名顺序人为地颠倒,都是对署名著作权的严肃性的侵害。

其次,作者姓名顺序也不宜随意变更。著作权具有排他性,非经本人许可或转让,或法律许可,他人不得行使,否则就构成侵权。所以,对署

实际上,有很多情况都是不可取的,比如为了面子或者关系,将同学、亲友的姓名署上,或者将权威人士的姓名署上以获得论文的尽快发表等等。一旦发生纠纷,极易对个人或者刊物造成不良影响。

名变更问题,要慎重对待。署名变更一般包括加人、减人和换人三种情况,无论哪一种情况,都要说明变更的原因,并向编辑部提交由作者签名的变更说明书。这样,既可以保护自己的合法权益,同时也可以取信于编辑部,避免不必要的麻烦。

(2) 一稿多投和重复发表的问题

随着传媒的发达,一稿多投、多发现象已经相当普遍。一稿多投主要有几类现象:一类是从题目到内容都相同的稿件,同时出现在多家刊物;一类是内容相同,但题目换掉,属换汤不换药;还有一类是相同的稿件,被收在不同的版本和文集中。

一稿多投可以从著作权法和合同法两方面来分析。按照著作权法规定,作者对自己的作品享有发表权,作者有权决定自己的作品由谁来发表、以何种方式发表以及在什么地方发表;从合同法方面来看,如果报刊社在法定期间内通知了作者,著作权使用合同即告成立。双方可以在合同中约定该稿件是否"专有使用"。如果双方对采用的稿件未约定"专有使用",则作者的一稿多投不应当被认为是违反了著作权使用合同的义务。

"一稿多投"问题颇为复杂,需要在撰稿人和媒体之间加大联系力度。双方当在相互尊重的基础上,共同研究制定防范措施,减少撰稿人等待的时间,如利用现代化的网络技术,及时通知撰稿人稿件的采用与否,方便撰稿人。另外,撰稿人有选择媒体的权利,媒体也有选择稿件的权利,媒体办不好,后果应自负。但无论怎样,出于对自身名誉的爱护,作者本身应该主动、积极地杜绝一稿多投现象。

对于编辑部来说,"一稿多投"是不利的。会直接影响到刊社和编辑的声誉。如果读者看到某家刊物经常刊登已经发表过的文章,报社的声誉就会在读者的心中打折。因此,杜绝"一稿多投"早已成为报刊界的惯例和行业规则。因此,国内一些编辑部采取了退稿、刊登声明、某一时段内拒绝一稿多投者的来稿等措施,来处理这种状况。对作者本人,"一稿多投"也会带来名誉上的损失,将同一篇论文以相同或不同的方式投向各种刊物,必然会给读者带来时间上的浪费或者重复阅读,以后读者很有可能看到同一个作者就会常常忽略,同时,编辑部也会对该作者产生不信任感。

(3) 数字图书馆的使用与著作权

网络提供了一种前所未有的信息传播途径,这种途径的出现已经影响了原有的信息创造者、信息使用者以及信息提供者之间的利益平衡。图书馆在数字时代中,不仅作为作品的重要传播中介与服务主体,而且作为信息资源的创作者,深刻地影响着社会信息生产、传播与交换机制。

在法律上,图书馆是搜集、整理、收藏图书资料以供人阅览、参考的机构,其功能在于保存作品并向社会公众提供接触作品的机会。图书馆向社会公众提供作品,对传播知识和促进社会文明进步,具有非常重要的意义。只有特定的社会公众(有阅览资格的读者),在特定的时间以特定的方式(借阅),才能接触到图书馆向社会公众提供的作品。因此,这种接触对作者行使著作权的影响是有限的,不构成侵权。

所以,图书馆为了保存的需要将作品数字化,或者大专院校图书馆将作品数字化后在馆内及校园网内小范围使用并只能浏览而不能下载、打印,在著作权法范围内是许可的。2001年7月1日生效的韩国著作权法修正案中就规定,"数字图书馆"仅准许本馆或他馆的使用者通过电脑显示器"阅读"有著作权的作品,可以不经著作权人授权,但这种对著作权的限制不延及在图书馆内打印或下载作品的行为。

而我们现在的一些数字图书馆，按照商业模式来运作，用户交费后在互联网上就可以阅读并下载打印，阻碍了著作权人以其认可的方式传播作品，侵犯了其信息的网络传播权。因此，我国的数字图书馆按照目前的运作模式必须要经过著作权人的授权许可。

目前国内业内有不少人提出了解决方法，主要有三：其一，建立针对数字图书馆版权统一的管理机构；其二，修改著作权法，规定数字图书馆和网上传播可以事先不经作者许可，事后向作者支付报酬，也就是类似于现行著作权法上的"转载"；其三，"授权要约"模式，即著作权在出书的同时发表一个要约，声明著作权人的权利，并声明别人在什么样的条件下可以使用，并通过代理机构向著作权人支付报酬。

现在，很多大学生已经将网络（包括数字图书馆）作为收集、整理、利用信息的重要来源。鉴于数字图书馆著作权方面的复杂性，一定要注意合理使用，注明出处，尽可能避免侵权行为的发生。

第二节　学位论文的写作

一、学位论文概说

1. 学位论文的概念及类型

学位论文是高等院校毕业生用以申请授予相应学位而提出作为考核和评审的文章，也称毕业论文。分为学士、硕士、博士三个等级。

学士论文是合格的本科毕业生撰写的论文。毕业论文应反映出作者能够准确地掌握大学阶段所学的专业基础知识，基本学会综合运用所学知识进行科学研究的方法，对所研究的题目有一定的心得体会，论文题目的范围不宜过宽，一般选择本学科某一重要问题的一个侧面或一个难点，选择题目还应避免过小、过旧和过长。

硕士论文是攻读硕士学位研究生所撰写的论文。它应能反映出作者广泛而深入地掌握专业基础知识，具有独立进行科研的能力，对所研究的题目有新的独立见解，论文具有一定的深度和较好的科学价值，对本专业学术水平的提高有积极作用。

博士论文是攻读博士学位研究生所撰写的论文。它要求作者在博导的指导下，能够自己选择潜在的研究方向，开辟新的研究领域，掌握相当渊博的本学科有关领域的理论知识，具有相当熟练的科学研究能力，对本学科能够提供创造性的见解，论文具有较高的学术价值，对学科的发展具有重要的推动作用。

与一般论文有所不同，学位论文不仅规定篇幅和水平，而且要求公开，接受专家的审查。它有两大功能：第一是考核；第二是成果。作为考核手段，学位论文应达到一定水平，反映与学位相称的学识和能力；作为成果，学位论文是大学生向社会提供的知识产品，必须具备一定的价值。

对于自考生来说，在各专业课程考试成绩合格后，都要进行毕业论文的撰写（工科类专业一般为毕业设计、医科类一般为临床实习）及其答辩考核。毕业论文的撰写及答辩考核是取得高等教育自学考试本科毕业文凭的重要环节之一，也是衡量自考毕业生是否达到全日制普通高校相同层次相同专业的学力水平的重要依据之一。

2. 学位论文的写作要求

在介绍具体写作之前，我们必须了解学位论文的一些原则性要求。

① 立论客观，具有独创性。文章的基本观点必须来自具体材料的分析和研究，所提出的问题在本专业学科领域内有一定的理论意义或实际意义，并通过独立研究，提出了自己一定的认知和看法。

② 论据翔实，富有确证性。论文能够做到旁征博引，多方佐证，所用论据自己持何看法，有主证和旁证。论文中所用的材料应做到言必有据，准确可靠，精确无误。

③ 论证严密，富有逻辑性。作者提出问题、分析问题和解决问题，要符合客观事物的发展规律，全篇论文形成一个有机的整体，使判断与推理言之有序，天衣无缝。

④ 体式明确，标注规范。论文必须以论点的形成构成全文的结构格局，以多方论证的内容组成文章丰满的整体，以较深的理论分析辉映全篇。此外，论文的整体结构和标注要求规范得体。

⑤ 语言准确、表达简明。论文最基本的要求是读者能看懂。因此，要求文章想得清，说得明，想得深，说得透，做到深入浅出，言简意赅。

二、学位论文的标准格式

① 论文题目。（下附署名）要求准确、简练、醒目、新颖。

② 目录。目录是论文中主要段落的简表。（短篇论文不必列目录）

③ 内容提要。是文章主要内容的摘录，要求短、精、完整。字数少可几十字，多不超过三百字为宜。

④ 关键词或主题词。关键词是从论文的题名、提要和正文中选取出来的，是对表述论文的中心内容有实质意义的词汇。关键词是用作计算机系统标引论文内容特征的词语，便于信息系统汇集，以供读者检索。每篇论文一般选取3~8个词汇作为关键词，另起一行，排在"提要"的左下方。

主题词是经过规范化的词。在确定主题词时，要对论文进行主题分析，依照标引和组配规则转换成主题词表中的规范词语（参见《汉语主题词表》和《世界汉语主题词表》）。

⑤ 论文正文。第一部分是引言：引言又称前言、序言和导言，用在论文的开头。引言一般要概括地写出作者意图，说明选题的目的和意义，并指出论文写作的范围。引言要短小精悍、紧扣主题。

第二部分是论文正文：正文是论文的主体，正文应包括论点、论据、论证过程和结论。主体部分包括以下内容：

提出问题——论点；

分析问题——论据和论证；

解决问题——论证方法与步骤；

结论。

⑥参考文献。一篇论文的参考文献是将论文在研究和写作中所参考或引证的主要文献资料，列于论文的末尾。参考文献应另起一页，标注方式按《GB7714—87文后参考文献著录规则》进行。

中文：标题—作者—出版物信息（版地、版者、版期）

英文：作者—标题—出版物信息

所列参考文献的要求是：

第一，所列参考文献应是正式出版物，以便读者考证。

第二，所列举的参考文献要标明序号、著作或文章的标题、作者、出版物信息。

三、学位论文的写作、修改与答辩

1. 学位论文的写作要求

学位论文对选题、内容、结构、文字、篇幅、完成时限、答辩等都有一些具体的要求。这里将对本科学位论文的要求分述如下：

论文选题：基本要求是能正确、灵活地运用所学理论，解释或解决现实问题，因此选题倾向于当时的热点。

内容：要求概念清楚、观点正确、符合理论逻辑。

结构：要求结构相对完整，基本内容包括论文提要、目录、引言、正文、参考文献等。

文字和篇幅：文字要求通顺简练，篇幅在一万字左右。

完成时限：基本上在8~10周。

答辩委员资格：讲师以上，具有扎实的理论功底。

2. 学位论文各部分写作技巧

学位论文说到底也是一种学术论文，所以，前述的关于学术论文的写作规律同样适用于学位论文，这里只对学位论文的必要成分作简单介绍。

（1）学位论文提纲的撰写

提纲是学位论文写作前的必要准备，也是对学位论文谋篇布局的重要手段。具体来说，提纲的编写有利于进一步提炼材料，使总论点和分论点有机确立并统一起来；有利于周密地安排篇章结构，使论文脉络清晰而完整；有利于及时调整与修改，避免写作时出现不必要的返工。

编写提纲的步骤如下：

第一步：先拟题目。

第二步：写作总论点。

在编写提纲的时候，一般采用标题式写法或者句子式写法。标题式写法是指将某一部分内容用简短的文字概括出来，句子式写法则用一个能表达完整意思的句子形式来描述内容。两者经常混合使用。

考虑全篇总的安排——从几个方面，以什么顺序来论述总论点。这是形成论文结构的骨架。

大的项目安排妥当以后，再逐个考虑每个项目的下位论点，直到段一级，写出段的论点句。

依次考虑各个段的安排，把准备使用的材料按顺序编码，以便写作时使用。

第三步：全面检查，作必要的增删。

（2）论题写作

论文题目要准确得体，恰当反映所研究的范围和深度，避免过于笼统，题不扣文。

① 简短精练。力求题目的字数要少，用词需要精选。在遇到两者确有矛盾时，宁可多用几个字也要力求表达明确，若简短题名不足以显示论文内容，则可利用正、副标题的方法解决。

② 外延和内涵恰如其分。即对概念所反映的每一个对象及其特有属性的概括既不能夸大，也不该缩小，应该恰如其分。

（3）摘要

论文一般应有摘要，有些为了国际交流，还有外文（多用英文）摘要。它是论文内容不加注释和评论的简短陈述。其作用是不阅读论文全文即能获得必要的信息。

摘要应包含以下内容：从事这一研究的目的和重要性；研究的主要内容，指明完成了哪些工作；获得的基本结论和研究成果，突出论文的新见解；结论或结果的意义。

论文摘要虽然要反映以上内容，但文字必须十分简练，内容亦需充分概括，一般限制其字数不超过论文字数的5%。

论文摘要不要列举例证，不讲研究过程，不用图表，不给化学结构式，也不要作自我评价。

关键词与主题词的运用，主要是为了适应计算机检索的需要，以及适应国际计算机联机检索的需要。一个刊物增加"关键词"这一项，就为该刊物提高"引用率"、增加"知名度"开辟了一个新的途径。

由于学位论文的选题和内容性质差别较大，其分段及其写法均不能作硬性的统一规定，但必须实事求是，客观真切，准确完备，合乎逻辑，层次分明，简练可读。

（4）关键词

关键词是标示文献关键主题内容，但未经规范处理的主题词。如，关键词"原子能"（其规范的主题词可能是"核能"）。关键词是为了文献标引工作，从论文中选取出来，用以表示全文主要内容信息款目的单词或术语。一篇论文可选取3～8个词作为关键词。

关键词或主题词的一般选择方法是：由作者在完成论文写作后，纵观全文，选出能表示论文主要内容的信息或词汇，可以从论文标题中去找和选，也可以从论文内容中去找和选。

（5）引言

引言又称前言，属于整篇论文的引论部分。其写作内容包括：研究的理由、目的、背景、前人的工作和知识空白，理论依据和实验基础，预期的结果及其在相关领域里的地位、作用和意义。

引言的文字不可冗长，内容选择不必过于分散、琐碎，措辞要精练，要吸引读者读下去。引言的篇幅大小，并无硬性的统一规定，需视整篇论文篇幅的大小及论文内容的需要来确定，长的可达700～800字或1000字左右，短的可不到100字。

（6）正文

正文是一篇论文的本论，属于论文的主体，它占据论文的最大篇幅。

论文所体现的创造性成果或新的研究结果，都将在这一部分得到充分的反映。因此，要求这一部分内容充实，论据充分、可靠，论证有力，主题明确。为了满足这一系列要求，同时也为了做到层次分明、脉络清晰，常常将正文部分分成几个大的段落。这些段落即所谓逻辑段，一个逻辑段可包含几个自然段。每一逻辑段落可冠以适当标题（分标题或小标题）。

（7）结论

论文的结论部分，应反映论文中通过实验、观察研究并经过理论分析后得到的学术见解。应是该论文的最终的、总体的结论。换句话说，结论应是整篇论文的结局，而不是某一局部问题或某一分支问题的结论，也不是正文中各段的小结的简单重复。结论应当体现作者更深层的认识，且是从全篇论文的全部材料出发，经过推理、判断、归纳等逻辑分析过程而得到的新的学术总观念、总见解。

结论应该准确、完整、明确、精练。该部分的写作内容一般应包括以下几个方面：① 本文研究结果说明了什么问题；② 对前人有关的看法作了哪些修正、补充、发展、证实或否定；③ 本文研究的不足之处或遗留未予解决的问题，以及对解决这些问题的可能的关键点和方向。

"结论"部分的写作要求是：措辞严谨，逻辑严密，文字具体，常像法律条文一样，按顺序1、2、3……列成条文，用语斩钉截铁，且只能作一种解释，不能模棱两可、含糊其辞。文字上也不应夸大，对尚不能完全肯定的内容注意留有余地。

（8）参考文献

在学术论文后一般应列出参考文献（表），目的在于：反映出真实的科学依据；体现严肃的科学态度，分清是自己的观点或成果还是别人的观点或成果；对前人的科学成果表示尊重，同时指明引用资料出处，便于检索。

需要强调的是，撰写学术论文过程中，可能引用了很多篇文献，只需要将引用的最重要和最关键的那些文献资料列出即可。

3. 学位论文的修改

对绝大多数大学生来说，学位论文是第一次比较大的科研活动，所以，一定要反复修改，才能写出有水平的文章来。同时，修改的过程也是分析问题和解决问题的过程，是培养严谨的治学态度和良好作风的难得机会。

修改学位论文，有一些正确的方法可资借鉴：

第一，着眼全篇。要从文章的全局出发，通盘考虑各部分内容及其表达方式，用是否有利于表现文章的主题这一原则来衡量。

第二，反复研究。即深入到每一个具体论点、论据和论证过程，多问几个为什么，或者从相反的立场上进行驳斥，务求不留疑点，增强文章的说服力。

第三，不断学习。这种学习，是针对初稿中存在的、自己比较困惑的难点或疑点，通过向别人请教、重新查阅资料或进行实地调查，寻求正确的答案。

毕业论文的修改包括四个方面。

（1）观点的修改

观点是文章的灵魂，首先要检查论文初稿中观点方面有没有问题。主要有几种情况：

① 基本观点错误。基本观点是统率全篇的基本论点或总结论，如果错误，则所有观点都不能成立，整篇论文要推倒重来。

② 观点主观、片面。突出表现有：观点走极端，不全面，主观武断，望文生义。

③ 照抄照搬，千篇一律。论文按照现成的论文样式依葫芦画瓢，没有任何创新。对于这样的文章，应当补充新观点，充实新材料。

（2）材料的修改

主要是对文章引用的材料增加、删减或调换。

① 增加材料。如果论文从观点到观点，或者从理论到理论，就需要增加具体材料，使文章充实、厚重，观点持之有据，具有说服力。

② 删减材料。文章引用的材料过多，容易显得臃肿，还会淹没观点、冲淡主题。所以，对文章中的无用材料，以及可用可不用的材料，要一律删去，毫不可惜。

③ 调换材料。主要有几个方面：材料不真实，失去了论证的力量，甚至使人对论点的正确性也产生怀疑；材料不典型，不能确切地证明论点；作者对材料的理解有误，强为引用。

（3）结构的修改

结构是文章内容的组织和安排形式。论文的结构，反映了作者对论题思考的步骤。思路不清，结构就会混乱；思路顺畅，再合乎逻辑、有条有理地表达出来，论文的结构就眉目清楚、顺理成章了。学位论文结构的修改要点如下：

① 修改开头。论文开头要"开门见山"或"落笔入题"，说明本文论题；或者开宗明义提出基本论点；或者单刀直入，挑明要批驳的观点。切忌绕圈子，说废话，久久不能入题。

② 调整层次和段落。层次和段落的划分与安排，反映了文章内容的脉络和论证过程，是文章结构的中心问题。如果排列混乱，论点之间、论点和论据之间缺少内在的必然联系，就会使人感觉线索中断。意思不连贯，内容东拉西扯，论证缺乏逻辑性。这样的文章，需要在结构上作大变动或小调整。大变动，是指拆散原结构，重新谋篇；小调整，是指对部分层次和段落另行划分或者调动位置。

③ 修改结尾。结尾是文章论述的必然结局，好的结尾或总结全文、点明意旨，或启示未来、给人鼓舞，或语义含蓄，耐人寻味，给人以深刻印象。所以，结尾应该精心设计、用心改好。

（4）语言的修改

主要表现在几个方面：

① 改正用词不当。包括改正生造词语、词类误用、用词不合逻辑，做到用词准确，文字通顺，语句明白。

② 改正句法错误。包括改正结构残缺的病句，结构混乱的病句等，做到按句法要求造句，准确表达原意。

③ 尽量删去不必要的字、词、句、段。做到用尽可能少的文字，表达尽可能丰富的思想，使文章简洁，不啰唆。

4. 毕业论文的答辩

（1）毕业论文答辩的概念和目的

答辩是审查毕业论文（作业）的一种补充形式。一般来讲，专科毕业论文不参加答辩，其论文成绩就是毕业设计的成绩；本科以上（含本科）毕业生都要参加答辩。其毕业设计的成绩，是由文章成绩和答辩成绩组成。最后由评审小组、评审委员会鉴别评定。毕业论文答辩的目的，简单而言是为了进一步审查论文，即考查和验证毕业论文作者对所著论文论述到的论题的认识程度和当场论证论题的能力；考察毕业论文作者对专业知识掌握的深度和广度；审查毕业论文是否学员自己独立完成等情况。

论文答辩小组一般由三至五名教师、有关专家组成，对文章中不清楚、不详细、不完备、不恰当之处，在答辩会上提出来。一般来说，教师、专家所提出的问题，仅涉及该文的学术范围或文章所阐述问题之内，而不是对整个学科的全面知识的考试和考查。

（2）毕业论文答辩的一般程序

① 学生作说明性汇报。（5～10分钟）
② 毕业答辩小组提问。
③ 学生答辩。一定要正面回答或辩解，一般允许准备10～20分钟。
④ 评定成绩。答辩会后答辩小组商定，交系、院学位委员会审定小组审定。

（3）做好答辩准备

要保证论文答辩的质量和效果，答辩前的准备非常重要。应该从以下几个方面着手：

第一，要写好毕业论文的简介，主要内容应包括论文的题目，指导教师姓名，选择该题目的动机，论文的主要论点、论据和写作体会以及本议题的理论意义和实践意义。

第二，要熟悉自己所写论文的全文，尤其是要熟悉主体部分和结论部分的内容，明确论文的基本观点和主论的基本依据；弄懂、弄通论文中所使用的主要概念的确切含义，所运用的基本原理的主要内容；同时还要仔细审查、反复推敲文章中有无自相矛盾、谬误、片面或模糊不清的地方，有无与党的政策、方针相冲突之处，等等。如发现有上述问题，就要作好充分准备——补充、修正、解说等。只要认真设防，堵死一切漏洞，这样在答辩过程中，就可以做到心中有数、临阵不慌、沉着应战。

第三，要了解和掌握与自己所写论文相关联的知识和材料。如自己所研究的这个论题之学术界的研究已经达到了什么程度？目前存在着哪些争议？有几种代表性观点？各有哪些代表性著作和文章？自己倾向哪种观点及理由？重要引文的出处和版本？论证材料的来源渠道？等等。这些方面的知识和材料都要在答辩前做到有比较好的了解和掌握。

第四，论文还有哪些应该涉及或解决，但因力所不及而未能接触的问题，还有哪些在论文中未涉及或涉及很少，而研究过程中确已接触到了并有一定的见解，只是由于觉得与论文表述的中心关联不大而没有写入，等等。

第五，优秀论文的作者还要搞清楚哪些观点是继承或借鉴了他人的研究成果，哪些是自己的创新观点，这些新观点、新见解是怎么形成的，等等。对上述内容，作者在答辩前都要很好地准备，经过思考、整理，写成提纲，记在脑中，这样在答辩时就可以做到心中有数，从容作答。

（4）答辩注意事项

① 带上自己的论文、资料和笔记本。

② 注意开场白、结束语的礼仪。

③ 坦然镇定，声音要大而准确，使在场的所有人都能听到。

④ 听取答辩小组成员的提问，精神要高度集中，同时，将提出的问题一一记在本上。

⑤ 对提出的问题，要在短时间内迅速做出反应，以自信而流畅的语言、肯定的语气，不慌不忙地一一回答每个问题。

⑥ 对提出的疑问，要审慎地回答，对有把握的疑问要回答或辩解、申明理由；对拿不准的问题，可不进行辩解，而实事求是地回答，态度要谦虚。

⑦ 回答问题要注意：正面回答问题，不转换论题，更不要答非所问；突出重点，抓住主题；直接入题，不绕圈子；敢于阐发自己独到的新观点、真知灼见，又敢于承认自己的不足，修正失误。